子どもの声からはじまる保育アセスメント

大人の「ものさし」を疑う

編著
松井剛太・松本博雄

北大路書房

はしがき

保育現場によく行きます。
子どもたちはいろんなことをして遊んでいます。
遊ばない子どももいます。
その子は，テラスに座って，じーっと園庭を眺めています。
その横になんとなく座って，「ふぁ～あ」とあくびをします。
目線が合って，微笑みを交わします。
2人でじーっとしているその空間がとても心地よいです。

私たちの「キホン」

「仕事が早い」とよく言われます。多くは褒め言葉として。
「いえいえ」と返事をします。多くは謙遜の言葉として。

　生産性と効率性は，今の世の中において強度の高い「キホン」になっています。それなのになぜか，いや，だからこそ，でしょうか，保育施設で「何もしていない子ども」と出会うと，居心地のよさを感じます。
　それは，世の中の強度が緩んだ空間があることへの安心感ともいえますし，そのような施設をつくっている保育者への信頼感ともいえますし，世の中にとらわれていない子どももいることができている共生感ともいえます。
　一方で，じゃあユルユルでいいのか，といわれるとそうではないでしょう。保育施設には，さまざまな「キホン」があります。それらは施設の理念を示すものであったり，歴史的に醸成されてきた保育内容であったり，地域のニーズに応じたものであったりします。それが保育施設の屋台骨となっていることに疑

いの余地はありません。

　ただ，その「キホン」が，それに合わせづらい子どもの存在を排除していないだろうか。「キホン」の強度を緩めて子どもの声を聴いてみると，今まで見落としていた魅力が見えてこないだろうか。

　そういった構えで，強度の目盛をカチカチと調節しながら一人ひとりと向き合ってみると，もっともっと保育が豊かになるように思うのです。そして，その調節が保育者に許される施設であってほしい。

　本書では，子どもたちの「声」を取り上げ，そこから保育を見直すことを主旨にしています。国際的な文脈と国内の実践から，子どもたちの声からはじまる保育アセスメントについて考えたいと思います。

子どもの「声」とは

　本書で扱う子どもの「声」について，簡単に説明をしておきます。子どもの声（children's voices）は，子どもの権利条約（児童の権利に関する条約）によって着目されるようになりました。子どもたちを権利の主体者として捉え，子どもたちが社会に参加して意見（views）を表明する権利（意見表明権）を，保障するためです。子どもたちは，大人に準備された環境でただ生きているのではなく，自ら環境をよくするために考え，さまざまな意見をもっているということを前提とします。

　ここで，保育現場にいる子どもたちの姿を想像してみてください。子どもたちは日々の遊びや生活の中で，たくさんの声を発しています。読者の皆さまにも，「〜が，○○を言った」という印象的な発言が，たくさん記憶に残っているだろうと思います。このように，子どもたちの声といわれたら，多くの保育者は，子どもたちから表出された言葉をイメージすると思います。

　本書で扱う子どもの「声」は，もう少し範囲が広い概念として位置づけます。すなわち，子ども同士や保育者とのかかわりの中で飛び交っている言葉に限らず，身振りや表情，目線，ちょっとしたしぐさ，あるいは描画など，言葉以外の表現に含み込まれている思い・関心・信念なども対象とします。

　国連の子どもの権利委員会は，子どもの声は，年齢や能力，その他の背景に

かかわらず，全ての子どもに保障されていることを示しています。すなわち，物理的に耳に聴こえてこない声——まだ発語のない 0 歳児や言葉が出ない障害のある子どもから伝わってくるナニカ——も「声」として受けとるということになります。このように子どもの声を位置づけると，子どもの声を聴くという行為が，そう単純ではないことがわかります。

松本（2021）は，子どもの声を聴くことを次の 3 点から特徴づけています。[*1]

1. 一人ひとり異なる声（多声性）が尊重されている
2. 子どもの「声」は，大人によって聴きとられる構えやそのための手立ての提供によって初めて具体化する
3. 子どもの声を聴くことには，大人が発見したり，教えられたりする過程が自ずと含み込まれる

ここから，保育者が子どもの声に触れるうえで考えておきたい問いが浮かんできます。第一に，「一人ひとりの違いをどこまで受けとることができるのか」，第二に，「子どもの声を聴く構えがつくられる要因と子どもの声を聴くことを可能にする具体的な方略は何か」，第三に，「子どもの声から，保育者はどのような発見と学びを得るのか」です。

以下，この 3 点について詳しく述べていきます。

多声性の尊重

保育現場を訪問すると，「子どもたちが多様になった」という話を聞くことが多くなりました。この会話の文脈において，「多様」は，「今までの考え方ではよくわからない子どもがたくさんいる」という意味で，どちらかというと困った状況にあるという含みがあります。一人ひとりに応じてかかわることに長けている保育者でさえ，多様であることに困難感をもつということは，一人ひとりの違いを受けとる——多声性を尊重する——ことはかなり難解であることがわかります。

---

*1 松本博雄（2021）. 0 歳児の“声”を聴きとる ——「発達」の視点を手がかりに　発達, **166**, 21-26.

昨今，保育の文脈に限らず多様性がキーワードになっています。SDGsの考え方によれば，多様性とは誰もが生きやすい社会を実現するために望まれるべきことです。言葉を換えれば，「誰もが自由に選ぶ権利を認められている社会を実現する」ということになります。

　この論理に依拠すれば，保育者が多様な子どもたちに難しさを感じるということは，子どもたち一人ひとりが自由に選べるような環境を提供できていない施設になっているということになります。さらにいえば，保育者自身も「子どもたち一人ひとりが自由に選べるような環境を提供するという考え方」を選ぶことができないという構造になっているといえます。

　すなわち，「一人ひとりの違いをどこまで受けとることができるのか」という問いは，保育者の資質や性格によるだけではなく，広く構造的な問題として捉える必要があります。「子どもたちの多様な声を受けとることができない」という保育者の状況を生み出している構造は何か，という視点をもつことが重要です。

　そのため，本書では，よりマクロな視点として，政治的な背景や保育の思想・哲学にも触れつつ，実際の事例では各施設における文化や職員集団の構造的な課題も取り上げます。

保育者の構え

　ある保育所に訪問したときのことです。かしこまった会が行われる予定で，教育委員会の方々や指導主事がキリッとしたフォーマルな装いで見学に来られていました。筆者もその保育所の保育内容や運営に関して意見を求められる立場で，それなりに緊張感をもって訪問しました。

　玄関でインターフォンを押して，門をくぐった矢先のことです。ビニール袋でつくった衣装を身に纏った大人が，忍び足でササッと駆け寄ってきました。筆者の目の前で片膝と片手のこぶしを地面につけて，「おはようでござる」と一言。そのまま，園庭のほうに走り去っていきました。唖然としている私のもとへ，今度は同じような衣装を身に纏った子どもたちが次々と寄ってきては，「おはようでござる」と言って去っていきます。

　保育を見ると，忍者がテーマになっていて施設内のあらゆるところに忍者に関連する環境ができあがっていました。子どもたちも忍者になりきっていて，細かい言動や所作まで忍者っぽくなっています。忍者がテーマになっている保育は他でも見たことはありましたが，ここまで追究しているのは初めて見ました。何より，先生がここまでやっているとは……。

　その後の保育検討会。フォーマルな服装に着替えた保育者が開口一番，「さきほどはすみませんでした」と一言。通常だと，お客様を迎えたときには，きちんとした挨拶をするのが定番です。しかし，「私がかしこまった対応をしたら，子どもたちも緊張して，いつもの様子を見てもらえなくなってしまうかもしれない。そうしないためには，私が突き抜けるしかない」と覚悟を決めて，「おはようでござる」という挨拶をしたとのことでした。つまり，「通常あるべき自分の姿を，子どもの様子を慮ることで変化させた」ということになります。

　子どもの声は，保育者が受けとることで初めて具体化します。保育施設には，少なからず労働条件，職員集団，カリキュラムなどの状況要因によって，普段通りできない状況があると思います。むしろ，保育者が普段通りできないと感じる時間のほうが多い施設もあるかもしれません。保育者が子どもの声を受けとるためには，保育者自身も普段通りいられるような構造的・心理的なゆとりが必要です。

　保育者の構えを形づくる状況要因には，施設内における子どもの声を聴く方略も関連します。本書では，特に第Ⅱ部で，実際の保育現場における事例から状況要因と方略についても触れたいと思います。

「ものさし」を疑う

　本書のタイトルにも掲げた「ものさし」を疑うことは，保育者が子どもの声を聴くことを通して得る発見や学びと密接に関係しています。大人は子どもの学びや経験を捉えるときに無自覚に自分の「ものさし」をあてて評価しています。「元気よく遊ぶこと」もそうですし，「お客様に対して，かしこまった挨拶をすること」も一つの「ものさし」です。

　この「ものさし」は，基本的に一人ひとり異なるもののはずです。しかし，分

散しているはずの「ものさし」の規格が，社会文化的な影響を受けて偏りを見せることがあります。広く捉えれば，それぞれの国の文化などがありますし，狭く捉えれば，各施設において代々受け継がれてきた慣習などがあります。どんな保育者もそういった要因から，良くも悪くも影響を受けながら，自分の「ものさし」をつくり上げています。

子どもの声は，大人にとっては異質に感じることがあります。ただ，「異質」だからこそ，保育者が無自覚に使用している「ものさし」に疑問をもつきっかけをくれます。異質でよくわからないから，対話が生まれます。そして，単一だった評価軸に別の可能性を感じさせてくれるのです。

日本では，こどもまんなか社会を目指すべく，こども家庭庁が創設されました。子どもの意見を年齢や発達段階に応じて政策に反映させるようにする構造的な変化が期待されます。保育現場でも，既存の評価軸に新しい視点をもたらすように，子どもの声にもとづく実践や評価が進められていくと思います。

ただし，子どもの声を聴く行為は想像以上に奥深いものであることには注意が必要です。そもそも，「声を聴く」というのは，上から目線の言葉です。実際，社会的に上の立場の人が，下の立場の人の声を聴くという文脈で使用されることがほとんどで，逆はありません。つまり，「子どもの声を聴く」という言葉は，立場が上の保育者が，立場が下の子どもの声を聴いてあげるというニュアンスを含むことになります。

一人ひとりの子どもたちの声があったとしても，それを受けとる大人の都合や解釈で束ねられたら多声性は保障されません。保障するためには，異質に感じられる声を聴くための構えや方略が必要になります。自分にとって都合のよい声を受けとるだけでは，「ものさし」に変化はありません。

本書で記される内容には，皆さまにとって異質なものも含まれると思います。異質と感じた内容を排除せずに受けとっていただけると，「ものさし」の変化のきっかけになると確信しています。子どもの声を聴くことの本質を，本書を通じて感じとっていただければ望外の喜びです。

2024 年春

松井剛太

目　次

はしがき　　i

序　章　日本の保育における「評価」の位置づけ……………1

　　1.「評価」に内包されるイメージ　　1

　　2. 形成的評価に関する 2 つのパラダイム　　2

　　3. 保育の質とオルタナティブ・アセスメント　　5

　　4. 子どももアセスメントの主体となる　　6

　　5.「対話」を軸に据えたアセスメントの実践　　8

第Ⅰ部　保育アセスメントをめぐる国際動向

第 1 章　イギリス──学校監査と理想の保育の狭間で ………………13

　　1. イギリスの保育・教育を読み解くうえで　　13
　　　　(1) イギリスの「保育」「アセスメント」はどんなイメージ？　13／(2) 歴史から探るイギリスの保育・教育の背景　15

　　2. 子どもの「声」からはじまる保育アセスメントを探る　　19
　　　　(1) イギリスの保育・教育と子どもの「声」　19／(2) フィールドワークの概要とイングランドの保育　20／(3) イングランドの保育実践の特徴　21／(4) イングランドの保育における子どもの「声」を聴きとる取り組み　25／(5) 子どもの「声」を聴きとる取り組みの背景と課題　27

　　3. 子どもの「声」からはじまる保育アセスメントを目指して　　31
　　　　──イギリスから学べること

第2章　イタリア・・・・・・・・・・・・・・・・・・・・・・・・・・・・・・・・・・・・・・37
　　　　──レッジョ・エミリアからハーバード・プロジェクト・ゼロへのインパクト

1. 子どもの「100の言葉」を聴く　　37
2. ドキュメンテーションと評価　　39
3. プロジェクト・ゼロにおける評価の探究　　42
　　(1) アーツプロペルにおける評価への取り組み　42／　(2) ポートフォリオ文化　45
4. ドキュメンテーションと評価　　47
　　(1) グループへの着目　47／　(2) ドキュメンテーションにおける意味の探究　49／
　　(3) 個人主義を超えて　51
5. オルタナティブな評価を超えて　　54

第3章　ドイツ──「子どもの視点」から学びを描く・・・・・・・・・・・・・・・・・57

1. 子どもの視点（Perspective）にこだわる　　57
2. 観察とドキュメンテーションをめぐる議論　　58
　　(1) 学びを重視する保育カリキュラムへの転換　58／(2) 観察とドキュメンテーショ
　　ンをめぐる議論　59
3.「子どもの視点」から学びを読み解く観察とドキュメンテーション　　61
　　(1) 観察とドキュメンテーションの2つのアプローチ　61／　(2)「リソース志向」の
　　観察とドキュメンテーション──「経験しながらの観察」を中心に　62
4. 保育者にとっての観察とドキュメンテーション　　68
　　(1) ドキュメンテーションのスタイル　69／　(2) 観察とドキュメンテーションをめ
　　ぐる課題　71
5.「子どもの視点」を大切にした保育アセスメントの生成に向けて　　74

第4章　スウェーデン・・・・・・・・・・・・・・・・・・・・・・・・・・・・・・・・・・・77
　　　　──乳幼児期から生涯にわたる学びのありようを希求して

1. スウェーデンにおける保育政策の概要　　77
2. 福祉国家における乳幼児期への視座　　78
　　(1) ペダゴジー　78／　(2) 遊び–学び理論　78／　(3) 子どもの参加と影響力　79

3. 保育評価をめぐる論点　　81

(1) 生涯学習制度における保育評価へのニーズ　81／ (2) 教育的ドキュメンテーションの開発　84／ (3) 教育的ドキュメンテーション導入に伴う課題　87／ (4) 教育的ドキュメンテーションを取り巻く多様な議論　89

4. 実践における保育者のまなざし　　93

(1) 保育における新たなステージの幕開け　93／ (2) 子どもの「今」から生涯を見据える評価の視点　94

5. スウェーデンにおける保育評価議論からの示唆　　98

第Ⅱ部　多声的な保育アセスメントを求めて

第5章　権利主体者たる子ども·····························103

1. 自分の考えを主張する子ども，受けとる保育者　　103

(1)「ああしたい，こうしたい」　103／ (2) 受けとる保育者の葛藤　104／ (3) 保育を見直す対話　105

2. 園環境の価値は子どもによってつくられる　　106

(1) 子どもたちの遊ぶ権利が滲み出てくる　107／ (2) 写真投影法とは　108／ (3) 高松園舎の写真投影法の取り組み　109／ (4) 写真投影法の意義と課題　116

3. 子どもの世界をみんなで味わう　　118

(1)「みてみてストーリー」のはじまり　118／ (2) 写真を撮ることと保育をすること　121／ (3) 育ちを言葉にすること　123／ (4) 子どもを「対象」ではなく「宛先」にするということ　131

第6章　探究者たる子ども·······························135

1. 保育者とともに探究する子ども　　135

(1) まじめな遊び　135／ (2) How to 言葉をうたがう　136／ (3) 想定外をチャンスと捉える　137

2. チャボとともに　　138

(1) チャボのたまごとの出合い　138／ (2)「たまご」が生活の一部になる　140／ (3) ひよこが生まれるたまごなのか考える　143／ (4) 生命に触れる　145／ (5) 子どもの声を聴きながら探究するとは？　147

3. 声が形に繋がっていく「カマキリ研究所」　149

　(1) はじまりの声　149／(2)「カマキリ研究所」創設期　150／(3)「カマキリ研究所」展開期　155／(4) 研究所の終結期　163／(5) 子どもの声をおもしろがること　165

第7章　創造者たる子ども・・・・・・・・・・・・・・・・・・・・・・・・・・・・・・・・167

1. 保育者とともに活動を創造する子ども　167

　(1) 潜在的支配をされる子どもと保育者　167／(2) 支配から創造へ　168／(3) 子どもと保育者が生きる保育　169

2. 行事における創造性　170

　(1) 日常的な多面的参加がもたらす園行事　170／(2) 子どもの世界観の探究と尊重がもたらす園行事　175

3. 乳児保育の取り組み　184

　(1) 安心できる環境だから自分の気持ちを表出できる　186／(2) 自分で見つけたことは, おもしろい！　189／(3) どうするのかは, 自分で決める　192

終　章　日本における保育アセスメントの展望と子どもの声・・・・・199

1. アセスメントは子どもとともに　199

2. 思考フレームを溶解する　202

3. 水平的多様性を促す　205

4. ジパングモデルは, 生み出されるのか？　208

索　引　211

序　章

日本の保育における「評価」の位置づけ

　　人間，ドジだってかまわない。ニブイのも才能だ。誤りを恐れず，お互いに迷惑をかけあいながら，ジグザグ進んで行こう。まちがったら，やり直せばよいのだ。そもそも世の中には，正しいか誤っているか，結論のくだせないことの方が多いのだから。　　　　　　　　　（森，1988）

1.「評価」に内包されるイメージ

　人はいつから「評価」を嫌うようになるのでしょうか。

　いや，評価＝嫌なものという決めつけはよくないですね。ただ，そう思わざるをえないほど，「評価」という行為を前向きに捉える人が少ないように思います。

　幼少期の筆者は，評価など意識して生きてはいませんでした。褒めてもらえること，喜んでもらえること，叱られること，それらはあたりまえのこととして受けとめていたからです。しかし，いつからか，大人が自分の行為に善し悪しをつけることに嫌悪感を覚えるようになりました。主な理由は，次の2点です。

　第一に，一方向であることです。評価を下すのは大人で，受けるのは子どもという状態に変化がない。常に，大人から子どもへの一方向で矢印が向いている状態です。子どもから大人へ矢印が向くことは，そもそも想定されていませ

1

ん。

　第二に，基準が不明瞭であることです。何をもって善し悪しの判断が下るのか，それが子どもにもわかるようにていねいに説明されることはほとんどありません。よしんば説明されたとしても，子どもがその基準に異を唱えることはできませんし，子どもがそこに価値を置いているかどうかは考慮されません。

　幼少期から，こういった性質の「評価」に触れてきた人は，自ずと評価によい印象を抱かずに育つものと思われます。そこに，「自分」がいないからです。一方的に自分の価値観とは異なる評価軸で判断されることを快く受け入れる人はいないでしょう。

　保育における評価も同様の側面があります。保育における評価とはどういうものでしょうか，という問いに対して，「子どもが主体的に参与する行為である」と答える人はそう多くないだろうと思います。

　本書は，そういった評価に対する常識的なイメージ，つまり多くの人が抱いているであろう評価観を見直すことを模索しています。

2. 形成的評価に関する 2 つのパラダイム

　そもそも「評価」の捉え方は，どのように変わってきているのでしょうか。従来，教育における評価の機能は，教育活動の前に実施される診断的評価，教育活動の進行中に実施される形成的評価（formative assesment），教育活動の終了時に実施される総括的評価の 3 つに分類されていました（Bloom et al., 1971）。ただ，近年では，学習成果の認定をする総括的評価と，教授・学習活動の改善を目的とする形成的評価の二区分で整理される場合が多くなっています（石田，2021）。

　このうち，子どもの学習成果を，主にテストを用いて測定するのが一般的な総括的評価に比べて，学習の途上で子どもに対して学習状況をフィードバックする性質のある形成的評価については，多くの方法論の活用可能性が検討され，議論されています。ここでは，形成的評価（以下，アセスメント）について，2つのパラダイムにもとづいて述べていきます。

　松下は，1990 年代から新たに加わってきたオルタナティブ・アセスメントの

表序-1　子どもの学びの評価に関する二つのパラダイムの特徴

	精神測定学的パラダイム	オルタナティブ・アセスメントの パラダイム
学問的基盤	精神測定学，知能理論	状況論，構成主義，解釈学
評価目的	アカウンタビリティ 一定の質保証	指導 さらなる成長
評価項目	分割可能性	複合性（クラスター性）
評価文脈	脱文脈性 統制された条件	文脈性 シミュレーション，真正の文脈
評価基準	単一次元性，二価的 客観性	多次元性，多段階・連続的 間主観性
評価データ	量的方法を重視	質的方法を重視
評価主体	評価専門家，政策担当者	実践者自身
評価法	標準テスト，客観テストなど	パフォーマンス評価 真正の評価 ポートフォリオ評価など

出所：松下（2009）。

パラダイムを，表序-1 を用いて説明しています（松下，2009）。

　表序-1 にあるように，従来のアセスメントのイメージは，精神測定学的パラダイムにもとづいているといえます。医学・生理学的側面からの診断や，心理学的側面からのいわゆる心理測定もこの系譜になります。そこでは，診断のためにいくつかの分割された項目によって構成されたチェックリストや，発達の特徴を明らかにするために項目立てされた発達検査などが実際のアセスメントで用いられています。このパラダイムにもとづけば，アセスメントは第三者である専門家によって，標準化・一般化された客観的な基準のもとで実施されるというものになります。

　このようなアセスメントは，「適用範囲が広いこと」，「数値化できること」，「比較できること」という特長があります。そのため，子どもたちの学習状況を一律に明らかにし，学習成果を比較考量することで，全体的に一定の教育の質を担保するためには有用であると捉えることができます。

　一方，異なる学問的基盤から，精神測定学的パラダイムのアセスメントに代わる考え方も広がってきています。オルタナティブ・アセスメントのパラダイ

ムです。これは，状況論や構成主義[*1]の学問的基盤をもち，一人ひとりの子ども[*2]が置かれている学習状況の違いや，一人ひとりの子どもが，どのように学習内容を受けとめ，どのように意味づけているのかをていねいに読み解くことによって，個々に応じた指導のあり方や学習課題の検討に活かされます。具体的には，パフォーマンス評価やポートフォリオ評価などが挙げられています。パフォーマンス評価は，単純に知識を問うような課題とは異なります。さまざまな知識やスキルを総合して使いこなすことを求める制作や，プレゼンテーションのような複雑な課題を用いて，一人ひとりの理解の様相を把握することをねらいとしています。また，ポートフォリオ評価は，子どもの作品や学習記録などをファイルに蓄積して学習の履歴を残すことで，子どもとともに学びの過程を振り返りつつ，次の教育目標を設定するものです。

　オルタナティブ・アセスメントのパラダイムに準ずるアセスメントにおいては，一人ひとりの子どもの当事者性を大切にしているため，それぞれの学び方の特徴を明らかにすることができます。さらに，それをふまえて，その子どもに合った次の学習内容や指導のあり方を検討するのに有用です。

　この2つの考え方は，相補的な側面をもっており，目的に応じて使い分ける必要があるといえます。近年では，精神測定学的パラダイムにもとづく発達尺度のようなアセスメントであっても，日常の文脈における情報を含めて解釈することが推奨されており（本郷, 2022），明確に区分するよりは包括的に捉えることが多くなってきました。

　日本の保育実践における評価は，「指導の過程を振り返りながら幼児の理解を進め，幼児一人一人のよさや可能性などを把握し，指導の改善に生かすようにすること。その際，他の幼児との比較や一定の基準に対する達成度についての

---

*1 認知，学習といったものを個人の頭の中に何かができあがるといったことに還元せずに，実践や相互行為，道具の組織化として見ていこうとするアプローチ（上野, 2001）。すなわち，子どもがさまざまな遊びや活動に参加することを通して，リソース（他者や道具など）をどのように利用しているかに着目し，学びをアセスメントする。

*2 人を周辺の事象や環境との相互作用によって，自らの世界を構築する主体的存在として捉える考え方。ピアジェの発達理論に代表される。ここでは，子どもが，保育中に起きる事象や周囲の環境との相互作用によって，自らの既有知識を再構成するプロセスを学びと捉えてアセスメントの対象とする。

評定によって捉えるものではないことに留意すること」（文部科学省, 2019）と位置づけられています。つまり，個別の事例をもとにして実践を振り返る側面が強く，オルタナティブ・アセスメントのパラダイムに親和性が高いと思われます。

3. 保育の質とオルタナティブ・アセスメント

　上述したアセスメントのパラダイムは，保育の質の評価にも関連しています。保育の質の評価は，アメリカやイギリスを中心に精神測定学的パラダイムの方向性に沿って進められてきたといえます。そこでは，保育の質を普遍的で，客観的で，安定したものとして捉え，その基準となる項目を検討した結果として，ECERS（Early Childhood Environment Rating Scale）や，CLASS（Classroom Assessment Scoring System），SSTEW（Sustained Shared Thinking and Emotional Well-being）などのアセスメントスケールが開発されています。これらは，保育の質は個々の現場の文脈にかかわりなく，一定の基準を設けることで測定可能であるという前提に立っており，各保育現場における保育の改善のみならず，政策決定のエビデンスとしても活用されてきました。

　一方，上記の方向性による保育の質の探究に対して，ダールベリらは，根本的な疑義を呈しました。いわゆる「保育の質を超える」議論です（Dahlberg et al., 2013）。ピーター・モスは，教育には多様な考えや視点，価値が存在し，多様な文化的，社会的文脈が存在するため，普遍的で，客観的で，不変的で，中立的で，脱文脈的な基準というものは存在しえないと指摘します。そして，「質」という概念は，複雑で，社会的で，文化的な制度である教育には馴染まないことを主張し，それに代わる「意味生成」という言説を提起しています（モス, 2020）。

　意味生成の言説においては，よい保育の一定の基準を探求する代わりに，その場にかかわっている当事者——子ども，保育者，保護者，地域住民など——が，その場で行われている実践をどのように考え，何に価値を置いているのかを重視します。そして，それぞれの捉えを同調させる（シンフォニー）のではなく，違いを違いとして理解したまま（ポリフォニー），次の望ましい保育実践を検討するのです。

```
┌─────────────────────────────────────────────────────────┐
│          測定する質と意味づける質                          │
│ 客観的で普遍的なもの          主観的で多視点から捉えられるもの  │
│ ・客観的な基準を用いて，        ・当事者の主観，多様な視点から  │
│  質を測定する                 「その場」の実践や子どもの経験 │
│                              を意味づける                 │
│                                                           │
│     (image_1)                    (image_2)                │
│                                                           │
│ 客観的なエビデンスが重視される   当事者の声（対話）が重視される │
└─────────────────────────────────────────────────────────┘
```

図序 -1　保育の質に関する 2 つの見方

出所：厚生労働省（2018）をもとに作成。

こういった 2 つの方向性については，日本の保育の質の議論においても意識されています。厚生労働省による「保育所等における保育の質の確保・向上に関する検討会」において，筆者は測定する質と意味づける質として，図序 -1 を提示しました（厚生労働省, 2018）。測定する質は，精神測定学的パラダイムに沿って進められてきたもので，意味づける質は，意味生成を念頭に位置づけたものです。

先述したように，日本の保育実践においては，子どもの姿からの振り返りによって，アセスメントの基準をも見直しながら，子どもにとっての経験の意味を探ることを日常にしています。いわゆる「子ども理解」です（汐見, 2023）。この「子ども理解」を意味生成の文脈から見直したときに検討しなければならないことがあります。それは，アセスメントの主体はどこにあるのか，という問題です。近年では，子ども理解の主体をめぐって議論が進められています。すなわち，「子どもを理解するのか」「子どもと理解するのか」という問題です。

4. 子どももアセスメントの主体となる

意味生成の観点から評価を捉えると，当事者の声をもとにした「対話」が重視されることになります。その当事者には，もちろん子どもも含まれています。言い換えれば，子どもも評価の主体に位置づけられるということです。

これは，とても挑戦的な課題だといえます。なぜなら，従来の評価は，「大人が評価の基準となるものさしを設けること」と「そのものさしのもとで客観化

すること」が常識であったからです。

　たとえば，オルタナティブ・アセスメントのパラダイムに位置づけられるパフォーマンス評価においても，数値化への誘惑から意識変容する教師の姿が指摘されています。つまり，本来であれば，子ども一人ひとりの学習の様相を理解するパフォーマンス評価だったはずが，数値化して示すことを求められることによって「数を合わせる」ことが目的化されてしまうのです（Muller, 2018）。要するに，子どもと対話するために使われるべき評価が，数と対話するために使われてしまったのです。

　また，保育においても，この「ものさし問題」は取り上げられています。プライヤーとクロスオードは，形成的アセスメントを収束型（convergent formative assessment）と拡散型（divergent formative assessment）に分類しています（Pryor & Crossouard, 2005）。それによれば，収束型は，事前に保育者が望ましい子どもの姿を規定し，それに近づけるための改善を念頭に置いたものであるとされています。すなわち，評価の基準となるものさしは事前に保育者が定めるものとしています。一方，拡散型は，子どもの視点に立って，子どもとの対話を重ねながら行為の意味を捉え直すことを念頭に置いたものとしています。こちらは，どのようなものさしを用いるかも含めて，子どもの経験の意味をともに探求することをアセスメントの要諦としているといえます。

　ニュージーランドの保育評価であるラーニング・ストーリーを開発したカーは，収束型と拡散型の評価の特徴に関して，2つを相反する概念とするのを避けて，どちらか一方がよいわけではないと指摘し，目的に応じて使い分けられるものとしました（Carr & Lee, 2012）。具体的には，革新または発明に繋がる経験のプロセスは，拡散的アセスメントによって奨励される，そして，繰り返すことで身につく型にはまったやり方を通じて効率性をもたらす経験のプロセスは，収束的アセスメントによって促進されると述べています。さらに，この区別は実体的なものではなく理念的なものであり，連続体（spectrum）の両端に位置づいており，両方のバランスが大切であると指摘しています。

　一方，大宮は，その議論について，収束型を「あらかじめ型のアセスメント」，拡散型を「子ども目線のアセスメント」と位置づけ，あらかじめ型のアセスメントでは，子どもたちが何を学んでいるか，理解しているか，考えたり感じた

りしているかをリアルに掴むのには向いていないことを指摘しています（大宮, 2019）。

　先に述べたように，収束型アセスメントと拡散型アセスメントは，実体的なものではなく理念的なものであると指摘されています（Carr & Lee, 2012）。つまり，あるアセスメントの方法がどちらに該当するかを区別するようなものではありません。ここで重要な問いになるのは，実際に行われるアセスメントの方法そのものの是非ではなく，アセスメントの方法によって保育者が支配されるマインドと，そのマインドに影響を受ける子どもたちとの対話の内容がどう変化するのかです。

　したがって，そのアセスメントの方法を導入したときに教師のマインドにいかなる影響があったのかを検討しなければならないと考えます。実際に実施しているアセスメントが収束型か拡散型かという明確な規定はしにくいです。ただ，そのアセスメントによって，保育者のマインドが，収束と拡散のどちらの方向に向きやすくなるのかは，その過程を継続して見つめていく必要があると思われます。

5. 「対話」を軸に据えたアセスメントの実践

　日本の保育現場においては，オルタナティブ・アセスメントの文脈と重なるように，イタリアのレッジョ・エミリアやニュージーランドのテ・ファーリキの理念が脚光を浴びました（大宮, 2007）。とりわけ，子どもを有能な学び手として位置づけ，大人が教える教育から子どもの声を聴きながらともに創る教育への転換を指し示したことに大きな価値が見出されました。

　こういった動向は，1980年代後半における子どもの権利の尊重とも関連しています。北欧諸国を中心に，子どもの権利条約に呼応する形で，さまざまな研究領域において，子どもの参加する権利の実現が議論され，保育においても検討されました（Correia et al., 2019）。そして，実際の保育実践では，レッジョ・エミリアの実践に先導されるように，モザイク・アプローチなどの子どもの声を聴くための具体的な方法論が提唱されたことによって（Clark & Moss, 2001, 2011, 2017），子どもが参加する研究や実践が諸外国において試行されるように

なりました（Clark, 2006）。

　日本においても，こういった動向と軌を一にして，子どもと保育者の対話的関係のもとで実践が創られることの意義が提起されました（加藤, 2008）。そして，近年では，保育をよりよい方向に進めるためのアセスメントを含む形で，子ども，保護者，保育者などの当事者間での「対話」を軸に据えた保育実践の取り組みが報告されるようになりました。ドキュメンテーションやラーニング・ストーリー，保育ウェブなど保育記録の可視化と相まって，その記録を使って保育者間で対話することや，子どもや保護者と対話することがいくつかの園で実践されはじめています（大豆生田・おおえだ, 2020；松井, 2021；佐伯, 2021 など）。さらに，モザイク・アプローチの一部を活用した保育実践の見直し（植村・松井, 2017）や，「こどもかいぎ」を通した子どもたちとの対話を明日の保育に繋げることを志向する取り組み（大豆生田・豪田, 2022）なども見られるようになりました。つまり，日本の保育現場においても，子どもとの対話を軸に据えたさまざまなアセスメントが，保育者によって試行錯誤されながらジグザグと進もうとしているのです。

　前に述べたように，子どもとの対話を中心に据えたアセスメントは，挑戦的な課題だといえます。そのため，これらのアセスメントが「日本の保育現場で実践可能かどうか」が議論の中心になりやすいことは否めません。しかし，アセスメントが実践可能かどうかは表面的な問題です。より重要な検討課題は，アセスメントの具体的な実践を通して，保育者のマインドの変化はもちろんのこと，施設全体の理念，保育内容，子どもの育ちなどの変化を探究することが本質だと考えます。

　後段の第Ⅰ部では，ここまで述べてきたようなアセスメントの展開が，イギリス，イタリア，ドイツ，スウェーデンではどのように受けとめられてきたのかを詳しく述べていきます。そして，第Ⅱ部では，日本の保育現場でオルタナティブ・アセスメントの観点から実践されてきた具体例とともに，どのような変化がもたらされたのかを検討したいと思います。

━━━━━━━━━━━━━ **参考・引用文献** ━━━━━━━━━━━━━

Bloom, B. S., Madaus, G. F., & Hastings, J. T. (1971). *Handbook on formative and summative evaluation of student learning.* New York: McGraw-Hill.（ブルーム，B. S.・マドゥス，G. F.・ヘスティングス，J. T. 梶田叡一・藤田恵璽・渋谷憲一（訳）（1973）．教育評価法ハンドブック——教科学習の形成的評価と総括的評価　第一法規出版）

Carr, M., & Lee, W. (2012). *Learning Stories: Constructing Learner Identities in Early Education.* London: SAGE Publications.

Clark, A. (2006). Listening to and involving young children: a review of research and practice. *Early Child Development and Care*, **175**(6), 489-505.

Clark, A., & Moss, P. (2001). *Listening to young children: The mosaic approach.* London: National Children's Bureau Enterprises.

Clark, A., & Moss, P. (2011). *Listening to young children: The mosaic approach. Second Edition.* London: National Children's Bureau Enterprises.

Clark, A., & Moss, P. (2017). *Listening to young children Expanded Third Edition: A Guide to Understanding and Using the Mosaic Approach.* London: National Children's Bureau Enterprises.

Correia, N., Camilo, C., Aguiar, C., & Amaro, F. (2019). Children's right to participate in early childhood education settings: A systematic review. *Children and Youth Services Review*, **100**, 76-88.

Dahlberg, G., Moss, P., & Pence, A. (2013). *Beyond Quality in Early Childhood Education and Care: Languages of evaluation.* New York: Routledge.（ダールベリ，G.・モス，P.・ペンス，A.　浅井幸子（監訳）（2022）.「保育の質」を超えて——「評価」のオルタナティブを探る　ミネルヴァ書房）

本郷一夫（2022）．発達アセスメントにおける日常性と非日常性——情報の「ズレ」を通して捉える子どもの姿　発達，**169**, 2-7.

石田智敬（2021）．診断的評価／形成的評価／総括的評価　西岡加名恵・石井英真（編著）　教育評価重要用語辞典, pp. 35-36.

加藤繁美（2008）．対話的保育カリキュラム（上）・（下）　ひとなる書房

厚生労働省（2018）．保育所等における保育の質の確保・向上に関する検討会（第 2 回）　https://www.mhlw.go.jp/content/11907000/000334158.pdf

松井剛太（2021）．ラーニングストーリーと保育記録　発達，**167**, 30-36.

松下佳代（2010）．学びの評価　佐伯　胖（監修）　渡部信一（編）「学び」の認知科学事典　大修館書店, pp. 442-458.

文部科学省（2019）．幼児理解に基づいた評価　チャイルド本社, pp. 10-11.

森　毅（1988）．まちがったっていいじゃないか　筑摩書房

モス，P.（2020）．講演記録抄訳① 新しい保育の物語——保育の質，倫理と政治，リアル・ユートピア　発達，**162**, 8-14.

Muller, J. Z. (2018). *The tyranny of metrics.* Princeton: Princeton University press.（ミュラー，J. Z.　松本裕（訳）（2019）．測りすぎ——なぜパフォーマンス評価は失敗するのか？　みすず書房）

大豆生田啓友・豪田トモ（2022）．子どもが対話する保育——「サークルタイム」のすすめ　小学館

大豆生田啓友・おおえだけいこ（2020）．日本版保育ドキュメンテーションのすすめ　小学館

大宮勇雄（2007）．レッジョ・エミリアやニュージーランドの保育者には「子ども」がどのように見えているのだろうか——二つの保育をつなぐ 21 世紀の子ども観＝社会文化的アプローチ　現代と保育，**69**, 6-53.

大宮勇雄（2019）．保育実践の本質は「意味づけをめぐるやりとり・調整」にある　保育通信，**772**, 24-28.

Pryor, J., & Crossouard, B. (2005). *A sociocultural theorization of formative assessment.* https://www.researchgate.net/publication/249005288_A_socio-cultural_theorisation_of_formative_assessment

佐伯絵美（2021）．ウェブ型記録とカンファレンス　発達，**167**, 37-43.

汐見稔幸（2023）．子ども理解を深める保育のアセスメント　中央法規出版

植村結花・松井剛太（2017）．子どもの声を聴くことで支える遊びの展開——写真投影法の実践から　香川大学教育実践総合研究, (35), 15-26.

上野直樹（編著）（2001）．状況のインタフェース　金子書房, p. i.

第 I 部

保育アセスメントをめぐる国際動向

　子どもの「声」からはじまる，子どもとの「対話」を軸にした保育ア
セスメントを目指して，何をどのように取り組んでいくのか。この問い
は，日本はもちろん，国際的に共通する課題でもあります。
　私教育の長い歴史を背負った多様な保育・教育のあり方を背景に，そ
れを結ぶ手段としてのアセスメントが，近年になって一気にクローズアッ
プされることになったイギリス。「子どもたちの 100 の言葉」を聴きと
るドキュメンテーションを発展させつつ，個に焦点化する保育観を有す
るアメリカとの共同研究を通じて，アセスメントの再創造を試みてきた
イタリアのレッジョ・エミリア。子どもの視点からの観察のありように
こだわりながら，さまざまなレベルのドキュメンテーションを幅広く実
践の場に普及させてきたドイツ。民主主義社会の建設・発展を目指し，生
涯発達の過程を見据え，子どもの参加を具体化する教育ドキュメンテー
ションを実践してきたスウェーデン。各国・地域における保育アセスメ
ントの実態とその背景を学ぶことは，今後，私たちにふさわしい取り組
みを考えるにあたって，大切なヒントを提供してくれるはずです。

第1章

イギリス
学校監査と理想の保育の狭間で

1. イギリスの保育・教育を読み解くうえで

(1) イギリスの「保育」「アセスメント」はどんなイメージ？

　本書のテーマである「アセスメント」というキーワードから，イギリスの保育に関し，どのような取り組みが想像されるでしょうか。イギリスの保育実践における質評価に関しては，私たちに比較的親しみやすい英語圏であることも手伝ってか，淀川（2022），椨（2020），妹尾・湯澤（2018）や埋橋（2007）など，既に数多くの文献にて紹介され，議論が深められています。具体的なアセスメントの手段としての各種評価スケールもよく知られており，日本語へ翻訳され，容易に手に入るものも数多く存在します。ECERS-R（Early Childhood Environment Rating Scale–Revised edition; Harms et al., 1998）や，ECERS-Rをもとにイギリスで作成されたECERS-E（ECERS–Extension; Sylva et al., 2003）はその代表といえるでしょう。また，ECERS-Eが開発されるきっかけとなった，効果的な就学前教育実践に関する縦断調査であるEPPEプロジェクト（Effective Provision of Preschool Education）の知見からは，SSTEW（Sustained Shared Thinking and Emotional Well-being scale; Siraj et al., 2015）も生み出され，同様に広く知られるスケールとなっています。あわせて，アセスメントと実践の質保障に関し，小学校以降の取り組みとの共通性という視点に目を移せば，教育水

準局（Ofsted; Office for Standards in Education, Children's Services and Skills）による学校監査制度を連想する方もいるかもしれません（池本, 2018; 大田, 2010 ほか）。これらから自ずと想像されるイギリスの保育アセスメントのイメージは，確立した保育評価スケールと監査結果を"エビデンス"として，政策そして実践を着実に展開していく姿ではないでしょうか。

　イギリスの保育を別の視点からも探ってみましょう。たとえば保育内容に関し，イギリスの国際的な位置づけはどのようになっているでしょう。保育の質にかかわる国際調査報告の草分けとして，OECD（経済協力開発機構）による一連の取り組みが広く知られています。特に Starting Strong II と名づけられた2006 年刊行の報告書では，各国・地域の保育カリキュラムの伝統が，小学校入学後に有用とされる知識や技能から保育内容をアレンジする「就学準備型」と，それとは逆に，乳幼児期の独自性に着目し，小学校を含めた生涯発達過程への浸透という観点から保育内容を考える「生活基盤型」に整理されました。イギリスはこの両者のうち，就学に必要な認知発達や読み書き・数能力に関して系統的な学習方法を採用する，「就学準備型」の代表国の一つとして位置づけられています（OECD, 2006）。

　以上にもとづき，イギリスの保育そしてアセスメントを概観すると次のようになるでしょう。まずは"エビデンス"すなわち収集された実証的な資料にもとづき政策を形成し，実行する。それによって質の向上を図り，"アカウンタビリティー"すなわち社会への説明責任を果たす。またそれを政策形成だけでなく，保育の過程と成果の質評価にも適用し，就学前に到達すべき発達の目標が満たされているかを"アセスメント"と監査によって資料収集し，"フィードバック"を行う……。ここからは，古賀（2022）にまとめられているように，"エビデンス""アカウンタビリティー""アセスメント"そして"フィードバック"からなる一連の手続きによって，保育実践の質保障と改善を着実に目指しているイギリスの取り組みがイメージされるかもしれません。

　さて序章では，子どもが主体的に参与する行為としての保育評価，すなわち，子どもの「声」からはじまる保育アセスメントの提起を行いました。そこで示されたのは，子どもの権利の尊重，そして子どもとの対話を基軸に置いた保育アセスメントのもつ意味と，そのありようが国内外のさまざまな現場で検討さ

れ，施行されつつある状況です。では，「就学準備型」と称される保育カリキュラムのもとで，洗練された評価スケールによる保育実践の質保障と改善への手続きをきっちりと進めているように見えるイギリスにおいて，子どもの「声」からはじまる保育アセスメントはどのように捉えられ，取り組まれているでしょうか。また，実際に保育現場において感じられている課題はどういったものでしょうか。序章で提起された「アセスメントの主体」の問題，また，導入されたアセスメントの方法によって，保育者がどのような影響を受けているかを考えながら，子どもとの「対話」を軸にしたイギリスにおける保育アセスメントの実態を探ってみたいと思います。

(2) 歴史から探るイギリスの保育・教育の背景

　以上に先立ち，まずはアセスメントの背景にある，イギリスの保育・教育実践の理念を規定する歴史を整理しましょう。それは質保障における"エビデンス"を重視する保育・教育実践が，イギリスではどのような経緯を経て成り立ってきたのか，そもそも誰のため，何のために"エビデンス"が求められるようになってきたのかという問題です。

　このことと関連してはじめにおさえたいのは，イギリスが連邦国家だという事実です。よく知られているように，イギリスはイングランド，スコットランド，ウェールズ，北アイルランドという4つの国から構成されています。連邦国家とは，一般に，異なるルールやシステムが「国」の中に共存していることを意味します。実際に教育に関して，イギリスでは，日本のシステムから連想される全国一律のカリキュラムや教科書検定制度とは，根本的に異なる実践が展開されています。たとえば同じイギリスの中でも，イングランドとスコットランドでは小学校への就学年齢が異なります。さらに，各国内における学校種も多様です。たとえばイングランドにおける1年生（Year 1：5-6歳）クラスは，1学年下のレセプション（4-5歳）から6年生までが在籍する「プライマリースクール」に設置される場合もあれば，レセプションから2年生までの「インファントスクール」に設置されることもあります。その一方，3歳から18歳までの一貫教育を謳う私立学校も存在します。「6-3-3制」のように小学校－中学校－

高等学校を切り分けることが一般的である日本のように，各校種への標準在籍
年数を端的に整理するのも簡単ではありません。

　この前提をふまえつつ，保育・教育にかかわるアセスメントの歴史を概観し
てみましょう。実はイギリスにおいて，本書の柱となっている「保育・教育の
質保障」にかかわる議論が積極的に展開されるようになったのは，ここ 30 年
ほどにすぎません。先述した評価・監査を担う公的機関である教育水準局が設
立されたのは 1992 年のことです。イングランド・北アイルランド・ウェール
ズにおいて初等教育のナショナルカリキュラムが提起されたのは 1988 年，さ
らにイングランドにおいて保育・就学前教育カリキュラム（Early Years Foundation
Stage: EYFS）が初めて導入されたのは 2008 年と，わずか 15 年ほど前のことで
あり，その歴史は日本における幼稚園教育要領・保育所保育指針のそれよりずっ
と短いものです。そもそも，初等教育と中等教育を規定する普遍的な義務教育
制度が法的に確立されたのは 1944 年，それに先立つ公教育の制度化は 1870 年
です。それは，1872（明治 5）年に成立した日本の学制の歴史と大差がないこと
がわかります。もし，読者のみなさんのイメージするイギリスが，近代社会の
法制度や多様な社会基盤を明治期の日本が確立するにあたってモデルとした「歴
史と伝統の国」ならば，保育・教育にかかわるカリキュラムや評価の制度はも
ちろん，イギリスにおける公教育そのものの歴史の意外な浅さに驚かれるので
はないでしょうか。

　では，ここで触れた教育史は，イギリスの保育・教育の今とどのように結び
ついているのでしょう。イギリスの教育史は，公教育そして評価に関しては決
して長いとはいえませんが，対照的に私教育に関しては非常に長いことが知ら
れています。実はこの長きにわたる私教育の歴史が，イギリスにおける保育・
教育の「今」を理解する鍵となります。

　イギリスの「学校」といえば，映画『ハリー・ポッター』に登場するような
全寮制の私立学校「パブリック・スクール（public school）」を思い浮かべる人
も少なくないでしょう。アメリカなどでは「公立学校」を指すパブリック・ス
クールという用語が，イギリスではなぜ私立学校を指すのかは，このイギリス
の教育史が深くかかわっています。イギリス教育における「パブリック」とは，
住み込みの家庭教師によって家庭内で行われる「プライベート」の対概念とし

ての「パブリック」であり，いずれも私教育の範囲内で長期にわたり展開されてきた営みに由来します。さらにその長さは，多くの私たちの想像をはるかに超えるものです。たとえばケント州カンタベリーにあるキングズ・スクール・カンタベリー（King's School Canterbury）というパブリック・スクールは，西暦597 年，日本でいえば推古天皇や聖徳太子が活躍していた時代から現在まで運営され続けている，世界最古の学校の一つとして知られています。このようにイギリスでは，いわゆる近代国家の歴史を大きく超えて，人々が暮らすうえでの営みとしての「教育」が取り組まれてきました。教育実践そのものの下地には，国家により制度化された公教育の歴史をはるかに上回る，長きにわたる私教育の歴史があるわけです。

　この，国家より教育の歴史が長いという事実は，教師を含めた多くの人々にとって，教育実践とは国家の統制のもとで画一的に取り組まれるものではなく，それぞれが自律的に判断し，運営していくことが基本であるという理解を導きました。今ある近代国家によってつくられた制度に比べ，教育や学校のほうがよっぽど長い歴史と伝統をもつことを考えると，そのような理解自体は何ら不自然なことではないでしょう。実際の教育内容に関して見てみると，日本とイギリスのありようは同じ公立学校であっても大きく異なります。たとえば日本の小学校では，教育すべき内容と順序の系統性が細やかに定められた統一カリキュラムの理念が国から都道府県・市町村へともれなく伝わり，それらの理念を具体化した検定教科書の使用を前提とした授業が，設置施設の大多数を占める公立学校で実践されるスタイルが基本です。しかしそれは，イギリスでは必ずしも一般的ではありません。イギリスの学校では，使用するテキストを含めた内容は，公立学校であっても個々の教師や学校によってアレンジされていきます。このことは，保育・教育実践とは自律的な判断にもとづき運営されるという，イギリスの保育・教育実践の根本にある信念を反映したものだといえそうです。

　イギリスの保育アセスメントの問題を理解するうえでは，イギリスの保育・教育が，このような文化と歴史を背負って展開していることを考慮する必要があります。冒頭で述べた「経験主義」の伝統と連なる"エビデンス"に依拠した積極的な取り組みは，イギリスの保育・教育を特徴づける象徴的な事実の一

つです。それらの"エビデンス"は，実践現場ではどのように理解され，実際にどんな手段を介して収集されているでしょうか。また，アセスメントの対象となる教育・保育内容は，そもそもどんな形でアレンジされ，進められているのでしょうか。それぞれの具体的な取り組みを必要な背景をふまえて整理することは，保育アセスメントと評価を取り巻く課題を，日本の実践と比較して適切に検討する際に不可欠となります。

　連邦を構成するそれぞれの国がカリキュラムを有するイギリスの保育・教育実践においては，実践現場の形態がそもそも多様という特徴があります。具体的には，先述したさまざまな学校種はもちろん，学校ではない家庭での教育（home schooling）も義務教育として認められるなど，私教育の長い歴史を経て展開してきた現場の多様さの幅は，日本の比ではありません。イギリスのアセスメントそして評価は，そのような幅広い実践現場の存在を前提として，それらを結びつけ，質を担保する手段の一つとしてクローズアップされてきた経緯があります。その結果，イギリスの保育・教育実践におけるアセスメントと評価は，保育・教育実践の質改善の手段として用いられるにとどまらず，多種多様な実践をふまえつつ，保育・教育政策の方向性を検討して予算を配分する根拠として，また保護者にとっては，学区制ではなく選択制である公立学校を選ぶ際の手がかりとしての役割も期待されることになりました。

　アセスメントや評価が，制度も内容も比較的類似し，多くの共通点をもつ学校や保育施設での実践に対して展開されようとしているのか。あるいは各校・園や各クラスでの実践が，幅広く多様であるという前提の中で取り組まれているのか。イギリスはもちろん，諸外国の保育アセスメントと評価を取り巻く課題を理解し探究するうえで，その前提条件にあらためて目を向けたとき，「就学準備型」「エビデンス」そして子どもの「声」からはじまる保育アセスメントに関し，日本における保育アセスメントや評価の議論から想像されるものとは異なる問題構造や位置づけが見えてくるかもしれません。この背景をふまえ，次節ではイギリスの保育実践におけるアセスメントの実相を，より具体的に見ていきましょう。

2. 子どもの「声」からはじまる保育アセスメントを探る

(1) イギリスの保育・教育と子どもの「声」

　さて，このような歴史と背景をもつイギリスの保育・教育実践では，本書の
テーマである，子どもの「声」からはじまるアセスメントはどのように受けと
められ，展開してきたのでしょうか。

　子どもの「声」(children's voices) とは，子ども自身が発する言葉や音声はも
ちろん，それらを含めた子ども自身の興味・関心や要求を，相手とのやりとり
を介して表現する行為の総体を指します。それは序章でも触れられていたよう
に，「子どもの権利」という視点とその保障に深くかかわる概念です。子どもの
権利を具体化し，その認識を国際的に広げ，深める契機となった「子どもの権
利条約」の成立背景には，イギリスを含めたヨーロッパが主戦場となった二度
の世界大戦に加え，産業革命を経て，炭鉱や工場，煙突清掃等の危険作業から，
家庭でのいわゆる召使い労働等に代表される児童労働が常態化していた，ヴィ
クトリア朝時代と称される 19 世紀イギリスの社会状況があったことが広く知
られています。そのような過酷な状況を前に，児童労働を制限する工場法
(Factory Act) などの法整備等の取り組みが進められたことは，「小さな大人」
ではない固有の段階として子ども期を捉え，子どもを保護し，その権利を認識
する出発点となりました。

　しかしながらこのように，子どもの権利の視点を国際的に広げる端緒となっ
たイギリスにおいて，子どもの「声」にもとづく保育・教育実践の展開が各国
に先行して取り組まれてきたかといえば，必ずしもそうとはいえません。イギ
リスの教育・保育において，子どもを保護と援助の対象から参画主体とみなす
というかたちで子どもの「声」が意識され，論じられはじめたのは，1970 年代
以降のことだと指摘されています (Mayall, 2006)。子どもの「声」という概念そ
のものは，1991 年の子どもの権利条約の批准によって強調されはじめたものの，
聴きとられた「声」を具体化する過程として必須である，子どもが参画する機
会は，実際にはごく限られていたようです。その結果，イギリス連邦の中核を

なすイングランドにおける実践は，子どもの「声」にもとづく視点と，教育省によって示される標準的な子ども像・目標との間の矛盾を背負い展開されることになります（Brooks & Murray, 2018）。この点は，「就学準備」を意識しつつも，子どもの「声」を取り込むことを中心に実践が組織化され，展開されてきた北欧諸国とでは，大きく異なる実態があるといえるでしょう。

(2) フィールドワークの概要とイングランドの保育

　このようにイギリスは，国際的には子どもの権利の課題に先駆けてアプローチしながらも，子どもの「声」にもとづく保育・教育実践に関しては，他国のあとを追って一進一退しつつ取り組んできたのが実情です。このことをおさえたうえで，次に実際の保育現場において，子どもの「声」からはじまる保育アセスメントとして，何がどのように展開しているかを見てみましょう。

　ここからの内容は，イングランド南東部の小学校（primary school）での実践の様子と，保育者・教師へのインタビュー結果を中心にまとめます。これらの資料は，筆者が 2018 年から 2019 年にかけて，イギリスのカンタベリークライストチャーチ大学子ども・家族・コミュニティ研究所（Research Centre for Children, Families and Communities, Canterbury Christ Church University）にて在外研究に従事していた折に，おおよそ半年にわたって，2つの学校の協力を得て継続的に取り組んだエスノグラフィック・フィールドワークにおいて収集したものです。両協力校は同じ州内の別の市にありました。一方の小学校はアカデミーと呼ばれる公設民営校で，経済状況は連邦平均に比べるとややよい市内の貧困度の高い地区にあり，無償給食対象児の割合は半数を超えていました。もう一方の協力校は公立小学校であり，連邦平均より経済状況は厳しい市に所在しているものの，無償給食対象児の割合は連邦平均を下回っているという，前者の協力校と対照的な背景を有していました。観察頻度は，前者の協力校では1回あたり3時間から3時間半程度の観察をおおむね週2回（のべ36日間），後者では1回あたり5時間程度をおおむね週1回（のべ21日間）でした。状況の異なる両校に同時期に継続して入ることで，特定の学校における短期間の観察では見えにくいと思われる側面に焦点を当てるとともに，フィールドワークの

結果を両校の教職員および現地研究者とも随時共有し，収集した資料の妥当性を担保できるよう可能な限り工夫しました。

　はじめに，本フィールドワークの主たる対象であった「レセプション（Reception）」と「1年生（Year 1）」について説明します。今回，継続的に入った両校はともに「プライマリースクール」であり，いずれも"0年生"に該当するレセプションから，6年生までの子どもが所属していました。とはいえ，イングランドは日本に比べて就学が1年早く，さらに新学期は9月から開始されます。よって実際に筆者がフィールドワークを行った10月から3月までの間は，レセプションクラスには，日本の保育でいえば4歳児クラス後半期（9月以降）と3歳児クラス前半期生まれの子どもが，Year 1クラスには5歳児クラス後半期と，4歳児クラス前半期生まれの子どもが所属していました。レセプションクラスは義務教育ではありませんが，給食も含めて無償であることもあり，制度的には「就学前教育」でありながら，実質的にはほとんどの子どもが通っています。

　これに対し，プライマリースクール入学前の子どもを対象としている施設の代表として知られているのは「ナーザリー（nursery）」です。イギリス，特にイングランドの保育を論じた日本語の文献では，この「ナーザリー」の実践や制度を中心に「保育」にかかわる議論を展開しているものが数多くあります。イングランドの保育や幼−小移行期の実践を読み解くうえで，特に子どもに焦点を当てて日本の実践と比較する際には，以上のような制度的な背景とともに，私たちが日本の保育・教育実践からイメージするより，発達的にはやや早い時期の子どもたちのエピソードが論じられている可能性があると認識しておくことが，理解を深める手がかりとなるかもしれません。

(3) イングランドの保育実践の特徴

　さて，両校でのフィールドワークを通じてまず目についた特徴は，日本でいえば年少から年長クラスの子どもたちに対し，いわゆる授業の形式を中心に日々の実践が展開されていたことです。いずれのクラスでも，各日1時間程度の英語の「授業」があり，発音と綴りの基本的な関係について学習する音声法

(phonics) にもとづく取り組みと，品詞の使い方等の基礎文法や語彙学習と関連させての書き言葉・作文指導が行われていました。その他の時間には，算数や社会などの教科，個別選択学習（independent learning もしくは busy time），野外遊び的な時間である「森の学校（Forest school）」などのさまざまな授業や学習活動が，学期毎に見直される時間割に沿って設定されていました。いわゆる自由遊びの時間は，これらの活動の間に「休み時間」として割り当てられています。その時間帯は，保育者・教師にとっては子どもと接することのない時間です。教職員は子どもが入ってこない職員室で休憩したり，研修や打ち合わせ等の簡単な会合にあてられたりする場合もありました。子どもたちはその間，いわゆる学校支援スタッフに見守られて過ごします。そこでも大人のスタッフが遊びに入ったり，環境を構成したりすることはなく，「休み時間」は基本的に子どもだけで自由遊びをする時間となっていました。

　レセプションクラスは，保育・就学前教育カリキュラムである EYFS の中に含まれ，義務教育期とは異なる段階として位置づけられています。EYFS において遊び（play）に一定の価値が置かれているのは，幼児を対象とする他国の保育カリキュラムと同様です。しかし子どもたちの学校での活動実態からは，レセプションクラスでの子どもの学びの中心に遊びが位置づけられている様子は見出しにくく，保育内容はどちらかというと「授業」を中心に組み立てられていました。学校による違いはあるものの，「休み時間」の様子に代表されるように，遊びはあくまで，授業内での狭義の学習とは別枠の活動として理解されているようでした。この点は日本の実践から想像される「保育」とは大きく異なり，どちらかといえば小学校のような形態を思い浮かべていただけるとイメージが近いと思います。

　その大きな要因として考えられるのは，クラスが小学校内に組み込まれていることです。レセプションクラスの日課や設備が小学校全体と一体的に運営され，クラス担任も当然のことながら学校全体の教職員集団の一員となっていることによって，レセプションクラスの実践は小学校のカリキュラムや諸制度の影響をとりわけ大きく受けるように思われます。たとえていえば，幼稚園教育要領や保育所保育指針という，本来は小学校と別個のカリキュラムやガイドラインに沿って内容が組み立てられるはずの就学前クラスが，1 年生クラスと並

んで小学校内に設置され，日課や職員室も含め小学校の一部として運営されることで，小学校学習指導要領に近い実践が進められていくイメージです。その結果，日本では頻繁に論じられている，就学前施設から小学校への移行の課題は，カリキュラム上の移行期であるレセプションと1年生の間ではそれほど問題になっていないようでした。協力校の教師も，それらの課題は，同じEYFSカリキュラムのもとにある，ナーザリーからレセプションへの施設間移行において意識されることがほとんどだと実際に述べていました。

　さて，カリキュラム的には保育・就学前教育カリキュラムであるEYFSに属しながら，実践上は小学校カリキュラム（KS1）に強く影響を受けた「授業」中心の実践が展開されているイングランド・レセプションクラスの特徴を理解するうえで，もう一点整理しておきたいことがあります。それは授業内での指導時に重きを置かれている信念や価値づけにかかわる側面です。これまで述べてきた実践形態の類似性とは対照的に，授業時の指導内容に関しては，日本の小学校とイングランドとでは，異なる点を多々見出すことができました。中でも特に注目したいのは，身体・運動の統制にかかわるものを中心とする「他者と合わせて同じようにふるまう」という指導についてです。

　日本の小学校に入学した後，直接的な学習内容以外に比較的熱心に指導がなされるものの一つとして，身体・運動の統制にかかわる事項を挙げることができます。たとえば小学校入学後に，授業中の45分間，子どもが続けて同じ場所に座っていられるかが気になる保護者が少なくないことは，この点を反映したものだといえるでしょう。また実際に，授業開始・終了時に正しい姿勢で全員で揃って挨拶すること，ノートに文字を書くときには姿勢を整え，筆順に沿い，正しい形の文字を書くことが奨励され，ていねいに教授されること等，身体・運動を一律に統制する教育指導は，日本ではとりわけ細やかに実践されているように思われます。またそれは保育現場においても，やや緩やかではあるものの，一定程度意識された内容ではないでしょうか。実践現場によって違いはありますが，このような規律としての身体・運動にかかわる一律の目標に向けた指導は，個人の成長のための働きかけにとどまらず，個人差を超えた標準的な取り組みとして，集団の一員となるという意味を帯びていると思われます。この点は，日本の保育現場でのフィールドワークをもとに実践の特徴を論じた，

写真1-1　教室に寝転がって文字を書く
　　　　　子ども：レセプションクラス
　　　　　の英語授業より
出所：筆者撮影。

バークとダンカンの研究における指摘と重なります（Burke & Duncan, 2015）。

　これに対しイングランドの実践では，身体・運動にかかわる内容を他者と一律に合わせていくことは，それほど重視されていないように感じられました。たとえば授業時における子どもの発言の順番，また教室内での騒がしさに対しては細やかな指導があるものの，子どもたちが教師の話を聞いたり，読み書きしたりする際の姿勢には寛容であり，また文字の筆順や形に関しても，日本の学校で一般的である細やかな指導は見られませんでした。授業内でも全員の子どもが長時間同じ姿勢で続けて座らなければならない場面はなく，子どもたちは各自の目標に合わせて組まれた内容に応じて場所を移動し，学習活動に従事することが通常です。車座になって話し合う，まとまって床に座り，教師の話を聞いてやりとりする，グループ毎に机で書く，床に座ったり寝転がったりしながら手持ちのホワイトボードに書く……これらの活動は全員が同じ場所であることもあれば，子どもによって場所が異なる場合もありました。

　このように，イングランドのレセプションクラスでは，小学校のような授業形式の学びが実践の中心に置かれながら，一方で子どもに求める内容や形式は一律ではなく，それぞれの子どもの実態に合わせた取り組みが大切にされていました。次項では，このようなレセプションクラスの実践の特徴をふまえ，子どもの「声」からはじまる保育アセスメントと評価が，現場においてどのように進められていたかを，あらためて整理したいと思います。

⑷ イングランドの保育における子どもの「声」を聴きとる取り組み

　子どもの「声」からはじまる保育アセスメントは，当然のことながら，何を子どもの「声」とみなし，それをどのように聴きとるかを出発点としてはじまります。このことに関し，イングランドの保育現場でのフィールドワークからは，「声」を発信しようとする子どもの構えを多様な手段によって引き出し，受けとめようとする姿勢と，そのための具体的な手立ての工夫が，保育者によりさまざまに取り組まれていたことを読みとることができました。その特徴は以下の2点にまとめることができます。

　一つは，「声」の中心として言葉によるコミュニケーションが位置づけられ，それを支える姿勢が重視されていたことです。子どもにとって書き言葉の学びはじめとなるレセプションクラスの英語の時間で，日本の小学校での実践のような字形の正しさや綴りの正確さに対する指導はあまり見られなかったことは，このことの表れだと考えられます。字形の正しさや綴りの正確さよりも優先されていたのは，"Capital letters and full stops" という，文頭を大文字で書くことと，文末にピリオドを打つことにかかわる指導です。この，当初から「文」であることを最重視して書き言葉の指導を進める方針は，「文字を正しく書けているか否か」以上に，それぞれの子ども自身が考えたり感じたりしたこと，すなわち「声」を表現する手段として言葉を位置づけていることの表れとして理解できます。

　このような意味での「声」としての言葉を重視した指導が見られたのは，書き言葉に限ったことではありません。話し言葉によるコミュニケーション場面においても，保育者は子どもに，あなたはどうしたいのか，どう思っているのか，これでよいかをその都度言葉で尋ねます。それとともに，発言する際の順序を守ることや，発言したいときには手をあげて順番を待つなど，コミュニケーション場面での作法についても熱心に指導を行っていました。たとえば保育者が子どもたちに問いかけ，発言を求める場面において，挙手して当てられたものの，実際にはピントの外れた内容を話したり，何ら話すことができなかったりする姿は，幼児期には珍しくありません。そのような場面で，保育者は子どもの発言内容以上に，発言したことそのものを大げさとも思えるほど褒める様

子が繰り返し見られました。また子どもから言葉が出ない場面において，話せない子どもを急かすように振り返ったり，自分の意見を代わりに口にしたりする姿は，保育者はもちろん他の子どもにも見られず，話そうとする子どもの言葉をその場の誰もがじっと待つ様子も多くありました。その他にも，たとえば保育者と筆者など，大人同士が話している際に，保育者と話したくて子どもが割り込もうとする場面では，保育者は一貫して「今，この人と話しているから待っていてね」のように，割り込んで話しかけようとする子どもを制止する様子が見られました。このように，仮に，聴きとることが簡単ではなく，内容上も未熟な話だったとしても，発信しようとする言葉を聴きとろうとする，また話そうとする相手を尊重する姿勢と作法を子どもにも促す様子は，「声」としての言葉の重視という視点を反映しているように思います。

　もう一つの特徴は，「声」を聴きとるうえで，一人ひとりに合わせた活動や学習課題が検討され，提供されるとともに，聴きとるためのさまざまな手段が積極的に活用されていた点です。子どもの「声」を多声的なものとして捉える（Murray, 2019）とは，同じ集団に属し，一見同じような活動に従事していたとしても，感じたり，考えたりしている内容はそれぞれ異なる可能性がある，また一人の子どもの中でも，時と場合による気持ちの揺れとともに，感じたり，考えたりしている内容に揺らぎがあると理解することを意味します。そう考えると，同じ教室にいる同じ学年の子どもだからといって，同じ内容を同じ手続きで学ぶことが，どの子どもにも同じ意味をもつとは限らないはずです。したがって学びにあたってのそれぞれの「声」を聴きとるには，たとえば同じ課題をこなすという形で全員に共通するゴールを設け，そこへ向けて一斉に取り組みを進めるのではなく，一人ひとりに合わせた目標と活動・課題内容を設定することが不可欠になります。

　イングランドの教室では，その授業毎にクラス全体で共有するテーマはありますが，前節で述べたように，実際の取り組みは小グループに分かれ，各自の水準に応じて必要な活動に取り組んだり，「個別学習」という形式で，子ども主導で課題や活動を選び，取り組んだりする時間が積極的に保障されていました。フィールドワーク後のインタビュー調査において，レセプションクラスの担任保育者は，子どもの学習内容として，支援が必要な子どもが他児と同じ課題内

容に向き合うのは大きな挑戦になるゆえに，他児と同じ内容に取り組むことは求めていないと実際に述べています。

　一方，このような実践を進めるうえで必然的に求められるのは，それぞれの子どもに合った活動を設定する手がかりとして，各自の経験や学びの履歴をどのように記録するかです。このことと関連して特に目についた取り組みは，"Special Book" "Learning Journey" と名づけられた，ポートフォリオ的な役割を果たす個人別のノートです。そこには子どもが自ら選んだ課題に関する絵や文章を書き込んだり，その日の授業時の活動の成果を貼りつけたりします。また，保育者がフィードバックコメントを書き込んだり，時に保育者によって撮影された子どもが活動する姿の写真が貼られたりもしていました。これらと合わせ，もう一つ，記録のために積極的に用いられていたのはタブレット型端末です。いずれのクラスでも，子どもの文や絵などの成果物を，保育者が端末を用いて積極的に写真に撮る姿を頻繁に目にしました。撮影された写真はクラウド上にあるオンラインアセスメントシステムに載せられ，担任と補助教員をはじめとする教職員間で共有されます。それぞれの学習課題を通じて，一人ひとりの子どものどのような「声」が聞こえてきたか。これらの記録は，いずれも次にその子どもに合った活動や課題を考え，必要な手立てを準備するうえでの材料になるわけです。

(5) 子どもの「声」を聴きとる取り組みの背景と課題

　では，このような形で，子どもの「声」を言葉で発信しようとする構えを特に重視し，受けとめようとすることと，それを支える活動や内容と記録手段の工夫を成り立たせている背景には何があるのでしょうか。

　日本との相違点から考えたとき，まず挙げられるのは，子どもはもちろん，保育者も含めた個々人の生活・文化的背景の多様さです。たとえば連邦政府の資料には，イングランドの小学校に在籍する英語を母語としない子どもの割合と[*1]

---

*1　https://www.gov.uk/education/performance-data-and-ofsted-reports-of-further-education-providers　日本語での詳しい解説は椎（2020）を参照のこと。

して，21.2％という数字が挙げられています。実際に協力校の一つでも，校長によれば，在籍する子どもたちの母語は20種類を上回るとのことでした。また，生活・文化的背景の多様さは言葉にとどまるものではありません。離婚率が日本より高く，親の離婚後の子どもの生活に関する手続きを明確に取り決めることが一般的であるイギリスでは，両親や片親，または継父母等の親のパートナーと過ごす，その間を行き来して数日ずつ過ごすなど，子どもの家庭での生活形態も日本以上にさまざまです。そこに文化・民族的な価値観の差異等が重なり，多様な背景のもとで生活する子どもの姿に繋がっていきます。

　このような状況においては，保育者が子どもの「声」を聴きとろうとするにあたり，両者の有する背景の違いを前提として考える必要があるように思われます。具体的には保育者が興味深いと思ったことやおもしろいと感じたことが，目の前の子どもにとってそうとは限らない場合が多々起こりうるということです。その状況下では，日本の保育・教育実践の文脈でよく耳にする「子ども理解」や「見とり」は容易ではないでしょう。言葉の重視は，そのように保育者と子ども間の文化的背景が異なることを前提としたとき，子どもの「声」を尊重し，聴きとるにあたっての有力な手がかりに繋がるものとして位置づけられていると理解できます。保育実践における言葉の重視とは，単に狭義の就学準備としての読み書き能力の習得を学習の先取り的に促すことではありません。「声」を支える言葉とコミュニケーションに価値を置く理由は，その人の尊厳と結びついた「声」を表現する主要な手段として，個々の多様さを尊重する働きかけの中心に「言葉」があるからだと考えられます。それは，一人ひとりの尊厳と多様性を尊重するために必要な手立てを具体的に整える試みと，密接に結びついているわけです。

　一方でもう一つの特徴である，子どもの「声」を引き出し，聴きとろうとする活動・内容と記録手段の工夫の背景として理解したいことがあります。それは実践現場における子どもの「声」を聴きとろうとする取り組みが，「評価」にかかわる保育者への圧力と切り離せない形で展開している点です。イングランドの保育実践の中で，保育者が子どもたちの姿を積極的に記録する姿には，エビデンスを強調しながら進められている，標準的なアセスメントと質評価の取り組みがやはり大きく影響しているように思われます。

　イギリスでは，各校そして各クラスにおける保育・教育実践そのものの内容は，学校全体が向かっていく，評価の柱となる子ども像や保育・教育観（school value）にもとづき，学校そしてそれぞれの実践者により，主体的にアレンジされていくことが基本です。この点は，日本における保育実践に近い側面があるといえるでしょう。それに加えイギリスでは，基本的に公立学校でも教職員は学校毎に採用されます。このような教職員の採用形態をとっていることも，各校間で頻繁に教職員の異動がある日本の公立学校・施設に比べ，それぞれの学校らしい実践の形成に寄与していると考えられます。その一方，このような多様な実践が存在する実態を把握し，その効果を標準化された「エビデンス」にもとづき測定しようというここ四半世紀ほどの試みの中で，学校間の差異を比較可能にする実践の質評価の取り組みがクローズアップされてきました。特に学校監査制度を介したアセスメント結果は，保護者による学校選択に用いられることもあり，実践者には意識せざるをえない存在となっているようです。

　イングランドの実践現場でのフィールドワーク中に頻繁に目にした，保育者が積極的に子どもの姿を記録する様子から気づいたのは，保育者の記録が子どもの「評価しやすい」側面に偏るのではないかということです。それは保育実践を通じて聴きとれる子どもの「声」を，保育者が事前に予想した範囲内で理解しがちな傾向として表れるように思います。

　たとえばある日の協力園での算数の「授業」でのことです。「長さを測る」がテーマとして設定されたこの日は，教室内で子どもにそれぞれ異なる長さの紐が渡されました。子どもたちはまず，その長さを互いに比較し，誰の紐が長く，誰の紐が短いかを言葉で確認しました。その後，校庭でメジャーを使って実際に「測る」活動に取り組む流れで実践は進められます。校庭にはそのための環境が設定されていました。

　そこにおいて，保育者が実際にタブレット型端末を使って積極的に記録していたのは，子どもがメジャーを使って，たとえば身近なブロックや箱の大きさを測る様子でした。一方で，ある子どもが与えられたメジャーでは測れない長さのものを測りたいと保育者に申し出たときは，やんわりとそれを制止し，測りやすい長さの身近なものを測るように促す姿がありました。その他にも，自由に遊ぶ中で子どもが新たに関心を示すものには，保育者はあまり目が向いて

いないように見えました。

　この例に典型的に表れているように，その時間に達成すべきものとして定められた学習目標と課題に直接関連する，いわば狭義の「学び」を軸に実践が考えられている結果，保育者の記録の視点は，大人の予測する「学び」とその成果に偏る傾向が見られました。対照的に，たとえば偶然はじまった遊びにおける子どものやりとりや，その中で子ども同士が教え合う姿など，大人の事前の予想を超えた子どもの「声」の様相を記録しようとする視点は，全体としては弱いように感じられます。そのような姿は，イングランドの保育者が，EYFSカリキュラムに示さ

写真 1-2　校庭で「測る」子ども：レセプションクラスの算数授業より

出所：筆者撮影。

れた全国一律の学習領域と発達目標を意識して実践に取り組まざるをえないこと，子どもに現れた成果を評価し，それがひいては学校や保育者自身の評価へと結びつくことと無縁ではないと思われます。

　では，当のイングランドの保育者たちはそのことをどのように理解しているのでしょうか。ブルークスとマリーは，本フィールドワークにやや先立つ2014年から2015年にかけて，イングランド中部の州の保育施設・小学校570施設から，地域性や学校評価のバランスを考えて選ばれた25施設25名の保育者の協力を得て，日常の保育を通じて感じられる「就学準備」と子どもの「声」にかかわる保育者の信念と実践について，質問紙調査と半構造化インタビューを実施しています（Brooks & Murray, 2018）。その主な結果として報告されたのは，保育者の多くは子どもの「声」を聴きとることの重要性を十分に理解し，実践に取り組んでいる一方で，どの子どもにも例外なく同じゴールの設定を求める就学準備のメッセージに困惑している実情です。このことは筆者のフィールドワーク協力校でのインタビュー調査において，両校の保育者がいずれも子ども主導の実践の価値に言及する一方，必要とされる「学び」と重ねたときに，それを実践することの難しさを述べたこととも重なります。

　どの子どもも唯一の存在（unique child）であり，子どもはそれぞれのやり方

と速度で発達し，学んでいくというEYFSに明記された理念は，子どもの多様性を前提に，一人ひとりの尊厳を守り，支えていくという意味で，子どもの「声」の理念と親和性の高いものだといえます。一方で同じEYFSカリキュラムのもとで，レセプションクラスではベースライン評価（Reception baseline assessment）と名づけられた，子どもの入学時点での言葉や数の力を評価するアセスメントの実施が開始されています。子どもの「声」の理念と重なる方向性をもつカリキュラムのもとで，アセスメントを通じて標準的なエビデンスが要求される実情は，少なくない保育者たちに混乱をもたらしているとともに，実施への強い反対の声も生んでいるようです（Meechan et al., 2022）。

3. 子どもの「声」からはじまる保育アセスメントを 目指して──イギリスから学べること

　第1節と第2節では，本書のテーマである，子どもの「声」からはじまる保育アセスメントを展開するうえでのイギリスにおける実情と課題について，イングランドを例に，日本の3–4歳児クラスに相当するレセプションクラスの保育実践に焦点を当てて検討を進めてきました。そこから示唆されたのは，就学準備型の保育実践を，各種保育評価スケールによってもたらされるエビデンスをもとに一見着実に展開しているように見えるイギリスの保育アセスメントの内実は，そう単純なものではないということです。イギリス社会は歴史的にも移民が多く，人種や服装，食事の内容や好みなどの視覚的に認知しやすい側面はもちろん，家族構成や性的志向，保護者の職業や宗教など，時に目につきにくい側面も含めた多様な生活背景をもつ人たちによって構成されています。自らのそれとは全く異なる文化的背景を有していることも少なくない子どもたちを前に，多くの保育者は「評価」との向き合い方に影響されつつ，子どもの尊厳の現れとしての「声」を聴きとり，何とか保育実践に反映させようという構えで子どもと向き合い，心を揺らしているように見えます。

　この，一人ひとりの子どもの「声」を聴きとり，実践内容をそれぞれの保育者が主体的にアレンジしていくことは，私教育の長い歴史からはじまり今日に至るまでに積み重ねられ，多くの保育・教育実践者に意識されてきた基本的な

方向性と合致します。一方で，21世紀以降に急速に浸透した保育の質評価と，それを支える監査にかかわる流れの中で，実践者は子どもの成果とそれを支える取り組みを考える際に，統一したゴールを意識せざるをえない難しさを感じているものと思われます。あわせて小学校からの影響を受けた学習スタイルの浸透と，子ども主導で自由に遊ぶことを通じて実現する，大人の予想を超える子どもの姿への着目の不十分さは，子どもの「声」からはじまる保育アセスメントの実質化を，よりいっそう困難なものにしているようです。

　このようなイングランドの実情から，日本の保育実践において今後，子どもの「声」からはじまる保育アセスメントを進めるうえで，どのようなヒントが得られるでしょうか。序章において提起された，アセスメントにより何が実現するか，可能になるかという方法論的課題と，保育者への影響という実践的課題の双方に触れつつ，最後にあらためて検討してみましょう。

　イングランドのレセプションクラスでは，子どもに表れた成果を捉えるアセスメントの試みとして，現在のところ，先述した入学時点での子どもの姿を捉えるベースライン評価に加え，修了時の評価として，小学校への準備状況の把握を目的に，EYFSカリキュラムに明記された17項目の学習目標（Early Learning Goals）に沿ったプロフィール（EYFS Profile）の作成が取り組まれています。[*2]また，それを支える保育実践にかかわるアセスメントとしては，本章冒頭で整理した各種評価スケールの方向性とも重なりをもつ，教育水準局による監査が実施されています。また本章の冒頭でも触れたEPPEプロジェクトや，2010年より開始されたSEED調査（Study of Early Education and Development）など，これらのアセスメントスケールを用いた，保育・教育の質と子どもの発達の関連を検討した長期縦断調査が行われていることも，広く知られているところです。

　一方で日本の保育実践においては，何がよい保育実践で，その結果子どもにどのような力が育つのか，たとえば小学校や社会一般など，「外」から見たときの成果の見えにくさとエビデンスの欠如が，長年の課題として指摘されてきました（秋田，2016）。これに対し，日本における保育実践のナショナルカリキュラム・ガイドラインに相当する幼稚園教育要領と幼保連携型認定こども園教育・

---

*2　日本語での詳しい解説は楠（2020）を参照のこと。

保育要領，保育所保育指針（2018 年施行）には，「幼児期の終わりまでに育ってほしい姿」が明記されるとともに，2023 年からは「幼児教育に関する大規模縦断調査」として，保育実践がもたらす小学校以降の子どもの発達や学習・生活への影響について明らかにする実証データが，文部科学省によって収集されようとしています。これまで見てきたイギリスのアセスメントと評価にかかわる取り組みは，これらの，今まさに日本で展開されている保育の質保障と評価にかかわる一連の試みにおける，直接のモデルになっているものと思われます。

　そのような観点から考えたとき，私たちはイギリスが実現した一連の取り組みに積極的に目を向けるだけではなく，それによって生じた課題や，実現しにくくなったことからも目を背けずに学びつつ，子どもの「声」を聴きとる保育アセスメントの実現に向けて，何をどうできるかを検討していく必要があるのではないでしょうか。イングランドの取り組みが私たちに教えてくれることの一つは，多様な実践をもとにした成果を標準化しようとするアセスメントの浸透が，子どもの「声」を聴きとり，その姿を捉えようとする保育者の視点を，事前に予測しやすいものに制約する可能性があること，あわせて保育における実践の内容そのものが，成果としての「学び」を評価しやすい，構造化され，わかりやすい活動・課題へと偏りがちになる傾向を生みやすいことです。

　アセスメントを含めた保育実践における個々の取り組みには，当然のことながらそれと密接に結びついた文化的背景が存在します。子どもの「声」が大人のそれとは異なることを前提に，「多様性」と「尊厳」を教育実践における出発点としている（松本, 2022）はずのイギリスであっても，「実態把握や効果測定のための評価は，ひとたび導入すると『正確さ』の追究にのめり込んでしまう」（楠, 2020）ことが避けられないようです。そのことを考えると，保育内容の自由度は高い一方で，身体・運動にかかわる指導に代表されるような他者と一律に合わせていくこと，安定して，うまくいくことに価値を置きがちな日本において，多様な「声」を有する子どもたちとの間での，揺らぎながらの対話を前提とした保育アセスメントを実現するための道のりは，決して容易なものではなさそうです。

　序章で提起された，子どもが主体的に参与する行為としての保育アセスメントとは，保育実践を通じて保育者が子どもとていねいにコミュニケーションを

とり，子どもを理解しようとする営みを超え，聴きとった「声」が，子どもた
ち自身のこれからの生活の変化と発展に実質的に結びついていくことだと考え
られます。それを具体化するために，子どもの「声」にもとづく保育アセスメ
ントの取り組みとして近年，積極的に取り組まれている方法は，ドキュメンテー
ションに代表される質的側面に焦点を当てた保育記録でしょう。この傾向は日
本に限らず，第 2 章以降で触れられる各国でも着目され，その活用のあり方が
それぞれに模索されているところです。

　一方で忘れてはならないのは，子どもの「声」からはじまる，子どもとの「対
話」を軸にした保育アセスメントとは，単にドキュメンテーションなどの手段
を備えて言葉を聴きとり，子どもを理解し，学びのありようを記述すれば可能
になるものではなく，子どもの権利の本質的な保障，そしてその実現と分かち
がたく結びついているものだということです（Whitty & Wisby, 2007）。第 I 部で
紹介するそれぞれの国々，そして日本において，文化的背景をふまえつつ，子
どもの「声」からはじまる保育アセスメントを私たちの社会でどのように具体
化するか。新たなアプローチは，まだはじまったばかりです。

参考・引用文献

秋田喜代美(2016). 現代日本の保育——人が育つ場としての保育　秋田喜代美(監修)　山邉昭則・多賀厳太郎(編)　あらゆる学問は保育につながる——発達保育実践政策学の挑戦　東京大学出版会, pp. 17-43.

Brooks, E., & Murray, J. (2016). Ready, steady, learn: school readiness and children's voices in English early childhood settings. *Education 3-13, 46*(2), 143-156.

Burke, R. S., & Duncan, J. (2015). *Bodies as Sites of Cultural Reflection in Early Childhood Education.* New York: Routledge. (バーク, R. S.・ダンカン, J.　七木田　敦・中坪史典(監訳)　飯野祐樹・大野　歩・田中沙織・島津礼子・松井剛太(訳)(2017). 文化を映し出す子どもの身体——文化人類学からみた日本とニュージーランドの幼児教育　福村出版)

Harms, T., Clifford, R. M., & Cryer, D. (1998). *Early childhood environment rating scale.* New York: Teachers College Press. (ハームス, T.・クリフォード, R. M.・クレア, D.　埋橋玲子(訳)(2008). 保育環境評価スケール①——幼児版[改訳版]　法律文化社)

池本美香(2018). 保育評価の展望——一元的評価の意義と可能性　保育学研究, **56**, 11-20.

古賀松香(2022). 考察——日本が学べるものは何か　秋田喜代美・古賀松香(編)　世界の保育の質評価——制度に学び, 対話をひらく　明石書店, pp. 315-359.

松本博雄(2022). 特別支援教育——子どもの「声」という視点から　都筑　学(監修)　加藤弘通・岡田有司・金子泰之(編)　教育問題の心理学——何のための研究か？　福村出版, pp. 12-32.

Mayall, B. (2006). Values and assumptions underpinning policy for children and young people in England. *Children's Geographies, 4*(1), 9-17.

Meechan, D., Williams-Brown, Z., Whatmore, T., & Halfhead, S. (2022). Once, twice, three times a failure: time to permanently scrap statutory reception baseline assessment in England? *Education 3-13*, 1-14.

Murray, J. (2019). Hearing young children's voices. *International Journal of Early Years Education*, **27**(1), 1-5.

OECD. (2006). *Starting Strong II: Early Childhood Education and Care*. Paris: OECD Publishing. (OECD.　星　三和子・首藤美香子・大和洋子・一見真理子(訳)(2011). OECD保育白書──人生の始まりこそ力強く──乳幼児期の教育とケア(ECEC)の国際比較　明石書店)

大田直子(2010). 現代イギリス「品質保証国家」の教育改革　世織書房

妹尾華子・湯澤美紀(2018). イングランドにおける学校監査を通した保育の質の評価──保育者が語る現状と課題　保育学研究, **56**, 79-90.

Siraj, I., Kingston, D., & Melhuish, E. C. (2015). *Assessing quality in early childhood education and care: sustained shared thinking and emotional well-being*(*SSTEW*)*scale for 2–5-year-olds provision.* Stoke-on-Trent: Trentham Books. (シラージ, I.・キングストン, D.・メルウィッシュ, E. C.　秋田喜代美・淀川裕美(訳)(2016).「保育プロセスの質」評価スケール──乳幼児期の「ともに考え, 深めつづけること」と「情緒的な安定・安心」を捉えるために　明石書店)

Sylva, K., Siraj, I., & Taggart, B. (2003). *Assessing quality in the early years: Early childhood environment rating scale: Extension*(*ECERS-E*)*, four curricular subscales.* Stoke-on-Trent: Trentham Books. (シルバー, K.・シラージ, I.・タガート, B.　平林　祥・埋橋玲子(訳)(2018). 新・保育環境評価スケール③──考える力　法律文化社)

楉　瑞希子(2020). イギリスの質評価とそれを超える物語り　発達, **162**, 46-52.

埋橋玲子(2007). チャイルドケア・チャレンジ──イギリスからの教訓　法律文化社

Whitty, G., & Wisby, E. (2007). Whose voice? An exploration of the current policy interest in pupil involvement in school decision-making. *International Studies in Sociology of Education*, **17**(3), 303-319.

淀川裕美(2022). 英国(イングランド)　秋田喜代美・古賀松香(編)　世界の保育の質評価──制度に学び, 対話をひらく　明石書店, pp. 63-89.

第2章

イタリア
レッジョ・エミリアから
ハーバード・プロジェクト・ゼロへの
インパクト

1. 子どもの「100 の言葉」を聴く

　イタリアのレッジョ・エミリア市の幼児教育は，創造性と民主主義の教育として世界的に着目されています。その教育は歴史的に，「豊かな子ども」「有能な子ども」という子どものイメージを選択することによって発展してきました。

　従来の子どものイメージは，何ができないか，どのようなニーズをもっているかという「欠如モデル」で語られてきました。そのことを象徴的に表しているのが，ラテン語のinfansを語源とするinfant（幼児，イタリア語ではinfante）という言葉です。infansは否定を表すinと話しているという意味のfansからなり，話すことができない者を意味します。レッジョ・エミリア市では，この子どものイメージに抗い，全ての子どもは力強く，豊かで，生まれたときから学ぶ意欲があり，想像力に満ちているという前提を採用しました。

　その幼児教育の学びの過程において，幼い子どもの有能さは，「100 の言葉」というアイデアと，ドキュメンテーションと呼ばれる記録によって具体化されています。「100 の言葉」という表現は，1980 年代半ばから展覧会のタイトルに用いられてきました。子どもたちが，いわゆる言葉，すなわち話し言葉と書き言葉だけでなく，さまざまな言葉を用いて世界の意味を探究し表現しているということを表しています。レッジョ・エミリア市の幼児教育を教育長として主導してきたマラグッツィ（Malaguzzi, L.）は，「100 の言葉」という隠喩につ

いて,「子どもを過小評価する人々,子どもたちから何かを奪い取り抑圧し,単純化しようとする者,そして隠喩的反語法(論理と魔術を一緒に)が神々からの恵みであることや,子どもがその達人であることも信じない者たちを『跳び上がらせる』力がある」と述べています(マラグッツィ,2012, pp. 24-25)。

この「100の言葉」は,マルチモーダルな記録であるドキュメンテーションによって記録されます。教師やアトリエリスタ[*1]は,子どもたちの言葉や動き,表現のプロセスを,メモ,描画,レコーダー,ビデオカメラ,カメラなどを用いて記録します。ドキュメンテーションは,その場にいなかった教師に共有され,省察とカリキュラムデザインに用いられるばかりではありません。子どもが自らの経験を再訪してその意味と価値に気づいたり,その経験を親や地域の人々と共有したりすることをも可能にします。

しかしドキュメンテーションの最も重要な機能は,伝えることではありません。ドキュメンテーションの実践と理論を発展させてきたペダゴジスタ,カルラ・リナルディ(Carlina Rinaldi)によれば,ドキュメンテーションはリスニング(聴くこと)を確立するためのものです。リナルディは,その教育の特徴を「リスニング・ペダゴジー(the pedagogy of listening)[*2]」という言葉で表現しました。彼女はこう言います。

> 子どもたちは,独自の理論,解釈,疑問をもつ,知識構築のプロセスの主人公である。そう信じるならば,教育実践において最も重要な動詞は,もはや「話す」「説明する」「伝える」ではない。「聴く」である。「聴く」とは,他者と,他者の言うことにオープンであること,100(あるいはそれ以上)の言葉に耳を傾けること,五感を使って聴くことを意味する。
> (Rinaldi, 2006, p. 98)

---

*1 レッジョ・エミリア市では,1つの公立の幼児学校に1人,芸術の専門家であるアトリエリスタを配置している。アトリエリスタは,アトリエでの探究をデザインし,子どもたちの学びに詩的・美的な言語を導入する。単にアートのスキルを教えたり提供したりするのではなく,子どもと教師の学びのパートナーである。

*2 the pedagogy of listeningは,これまで「傾聴の教育(学)」,「聴くことの教育(学)」,「聴き入ることの教育(学)」等と訳されてきている。近年,「ペダゴジー」が定着してきていることから,「リスニング・ペダゴジー」の訳語を採用する。

　レッジョ・エミリアの幼児教育において，学ぶということは，教師と子ども
たちが共同で知識構築を行うことです。その過程において，教師は，子どもた
ちに話す存在ではなく，子どもたちの（100の）言葉に耳を傾ける存在です。た
だし，リスニング・ペダゴジーは，教師が子どもの声を聴くことを意味するだ
けでなく，レッジョの教育のメタファーでもあります。子どもたちと大人たち
は，世界に耳を傾け，「あるものと他のものの繋がり」を感受します。リナル
ディによれば，子どもは周囲の現実に鋭敏に耳をすましている「最も偉大な『聴
き手』」です。教師たちは，そのような存在である子どもたちの世界の表現に耳
を傾け，ドキュメンテーションによって可視化し，共有し，知識と文化の共同
構築者となります。

　このように，ドキュメンテーションは，第一義的には，子どもによる世界の
表現に耳を傾け，知識と文化を共同構築するためのものです。子どもの発達や
学習を，一般的な意味で評価（assessment/evaluation）するものではありません。
にもかかわらず，ドキュメンテーションは，しばしば評価のツールであるとい
われます。それはなぜでしょうか。そして，ドキュメンテーションを評価のツー
ルであるとすることによって，評価にどのようなインパクトがもたらされたの
でしょうか。

2. ドキュメンテーションと評価

　ドキュメンテーションを評価のツールであるとすること自体は，誤りという
わけではありません。リナルディはドキュメンテーションと評価の関係につい
て，次のように述べています。

> 　私は，ドキュメンテーションというアセスメント／エバリュエーショ
> ンのツールは，客観的で民主的なものであるかのごとく装いながら，ま
> すます匿名化され，脱文脈化されたアセスメント／エバリュエーショ
> ンが蔓延する状況に対する，強烈な「抗体（antibody）」になりうるだ
> ろうと感じている。
> 　　　　　　　　　　　　　　　　　　　　　　（Rinaldi, 2006, p. 25）

　ここには明確に「ドキュメンテーションというアセスメント／エバリュエー

ションのツール」と記されています。しかし，続く文章を読むと，その関係が「ドキュメンテーション＝評価のツール」とイコールで結べるような単純なものではないことに気づきます。リナルディによれば，ドキュメンテーションは「匿名化され，脱文脈化されたアセスメント／エバリュエーションが蔓延する状況」に対する「抗体」です。この表現では，むしろ，ドキュメンテーションと評価が対置されているように見えます。スウェーデンのレッジョ・インスパイアを主導してきたグニラ・ダールベリも，リナルディの言葉をパラフレーズして，ドキュメンテーションは「アセスメントとエバリュエーションのツールが蔓延する状況」への「強烈な解毒剤（antidote）」を提供すると述べています（Dahlberg, 2011）。リナルディとダールベリの表現の違いは，ドキュメンテーションが「抗体」とされているか，「解毒剤」とされているかにあります。「評価」が体内に侵入しても発病しないための「抗体」と，その「抗体」を血中から抽出することによってつくられ，既に「評価」に侵されてしまった身体に投与される「解毒剤」。いずれにしても，蔓延しつつある評価，すなわち普及しつつある評価は，幼児教育を蝕むものとして位置づけられています。

　ドキュメンテーションは評価のツールなのでしょうか。それとも評価に対抗するツールなのでしょうか。先に述べたように，ドキュメンテーションは評価（アセスメントやエバリュエーション）のために開発された記録ではありません。しかしリナルディやダールベリは，あえてドキュメンテーションを評価ツールとして位置づけることによって，評価という言葉をのっとり，その意味合いを変えようとしたのではないかと思われます。

　レッジョ・エミリア市の幼児教育におけるドキュメンテーションの成立過程をたどると，多様な目的と機能が付与されているとわかりますが，アセスメントやエバリュエーションといった言葉はなかなか登場しません。1960年代に公立の幼児学校が創設されてから1980年代までの文書に登場する「記録（documentazione）[*3]」は，子どもの有能さや幼児教育の意義を市民に示すものであったり，その場にいなかった人と出来事を共有し省察するものであったり，子

---

*3　当時まだレッジョの記録の様式が特徴的なものとして着目されていなかったため，日本への紹介者である田辺敬子は「記録」と訳している。

どもたちの学びのプロセスを知るものであったりします。しかし，その目的や機能が「評価」という言葉で表現されることはありません（浅井, 2022）。

　ドキュメンテーションの議論において評価がテーマとなるのは，1990年代以降の「評価」に重きを置く教育文化の興隆においてです。具体的には，1990年代半ばのアメリカの研究者との研究交流において，アセスメントやエバリュエーションといった言葉が登場します。「子どもたちの100の言葉」の展示をアメリカでの展示に向けて再編したときに，リナルディはドキュメンテーションの役割の一つとして，「ドキュメンテーションは一人ひとりの理論や仮説の集合的な自己評価（self-evaluation）の基盤になる」と述べています（Rinaldi, 1996）。さらに，1997年から3年間にわたって行われたレッジョ・エミリア市とハーバード・プロジェクト・ゼロ（Harvard Project Zero）との共同研究「学習を可視化する（Making Learning Visible）」において，ドキュメンテーションがアセスメントのツールとして位置づけられています（浅井, 2019）。

　このレッジョ・エミリア市とハーバード・プロジェクト・ゼロとの出会いは，幼児教育における評価の問題を考えるうえで，きわめて重要です。プロジェクト・ゼロの研究者は，ポートフォリオというオルタナティブな評価のやり方を探究していたにもかかわらず，それとドキュメンテーションとの違いに驚愕しました。評価のツールとしてのドキュメンテーションは，いわゆるオルタナティブな評価を超えた，評価というアイデアに対するオルタナティブとして理解される必要があります。

　プロジェクト・ゼロは，1967年に，哲学者のネルソン・グッドマン（Nelson Goodman）によって創設された研究組織です。芸術教育に重点を置きながら，認知，学習，教育に関する多くの研究を行ってきました。レッジョとプロジェクト・ゼロの交流の歴史は長く，プロジェクト・ゼロのディレクターをつとめていたハワード・ガードナーは，1980年代の初頭にレッジョを訪れ，多重知能（MI）の理論を提唱した「精神の枠組み（Frames of Mind）」についての講演を行っています。

　両者にとって「学びを可視化する」のプロジェクトは，あらためて互いの違いを知り合う機会になり，その発見の重要な一部が，アセスメントにかかわるものでした。ガードナーは『学びを可視化する』の序文で，ドキュメンテーショ

41

ンについて次のように述べています。「学びについての広範なドキュメンテーションは，『レッジョ・プロジェクト』の不可欠な一部であり，アセスメントの刺激的な形を構成している。その可能性を世界中に示す必要がある」（Gardner, 2001）。プロジェクト・ゼロにとって，レッジョとの共同研究は，いったいどのように「刺激的」な経験だったのでしょうか。

3. プロジェクト・ゼロにおける評価の探究

　プロジェクト・ゼロは，1980年代のアメリカにおいて，「学力とは何か」「学力はどのようにして測定することができるか」ということを問うた研究グループの一つでした。新自由主義の教育改革が推進され，標準テストが爆発的に普及する中で，「学力の測定はこのままでよいのか」という疑念を抱いたのです（小田, 1999）。プロジェクト・ゼロの評価にかかわる問いは，芸術教育における評価への問いを基盤としていました。多様なプロジェクトが行われた中で，ここで着目したいのは，アーツプロペル（Arts PROPEL）において開発されたポートフォリオです。それは評価を学びの一部として位置づけるものでした。

(1) アーツプロペルにおける評価への取り組み

　アーツプロペルにおいてポートフォリオはどのように成立したのでしょうか。アーツプロペルは，1986年から1991年までロックフェラー財団の支援を受けて推進されたプロジェクトです。プロジェクト・ゼロ，ピッツバーグの公立学校，エデュケーショナル・テストサービス（ETS）[*4] が共同で行い，中高生がどのように芸術を学ぶかを観察し，その学びを促進する評価を考案するものです。具体的には，音楽（music），ビジュアルアート（visual arts），創作（imaginative writing）へのアプローチが取り組みの対象となりました。プロジェクト・ゼロのガードナーとデニー・パーマー・ウルフ（Dennie Palmer Wolf），ETSのド

---

*4　1947年に教育の質と公平性を向上させることを目的として創設された。テストの開発，管理，採点を主要な任務としている。

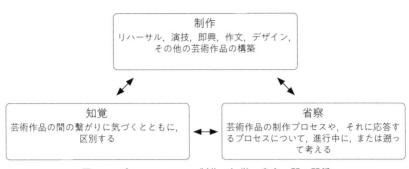

図 2-1　プロペルにおける制作，知覚，省察の間の関係
出所：Winner ed.（1991）p. 11 をもとに筆者訳出。

リュー・ギトマー（Drew Gitomer）[*5]が共同ディレクターをつとめています。他に，のちに「学びを可視化する」プロジェクトに参加するスティーブ・ザイデル（Steve Seidel）が創作チームに加わっていました。

　アーツプロペルのプロジェクトの成果は，教師向けの 4 冊のハンドブックとして刊行されています[*6]。それらを参照して，まず，このプロジェクトのアイデアを確認しましょう。アーツプロペルの PROPEL とは，制作（production），知覚（perception），省察（reflection）という生徒が行う 3 つの活動を表しています。PRO は production，そこに含まれている R は reflection，PE は perception からとられ，L はその結果である学習（learning）を意味しています。制作は，その領域の素材を使って作品を創作したり演奏したりするプロセスです。知覚は，領域の要素，素材，作品を探究することです。そして省察は，作品の制作プロセスと効果を考えることです。この 3 つに取り組むことで，生徒は，芸術に必要な感性，スキル，動機を身につけることができるとされます。またこの 3 つは深くかかわっており，切り離すことはできないと考えられています（図 2-1）

---

*5　ギトマーは，ピッツバーグ大学で認知心理学の博士号を取得し，ETS に勤務した。2011 年からはラトガース大学の教育学研究科の教授となっている。https://gse.rutgers.edu/faculty/drew-h-gitomer/（2023 年 8 月 20 日閲覧）

*6　1991 年から 1992 年にかけて，導入ハンドブックと，音楽，ビジュアルアート，創作の領域毎のハンドブックが刊行されている。ここでは導入ハンドブックを主に参照する。https://pz.harvard.edu/projects/arts-propel（2023 年 8 月 20 日閲覧）

（Winner, ed., 1991）。

　アーツプロペルは，継続的な評価プロセスを用いて指導を強化するツールとして，ドメイン・プロジェクトとポートフォリオを開発しました。ドメイン・プロジェクトとは，各領域における豊かで中心的な概念や問題に焦点を当てた長期的なオープンエンドのプロジェクトのことです。芸術の領域（ドメイン）を通して，生徒が世界への理解を深めることを目指します。生徒はドメイン・プロジェクトにおいて，さまざまな媒体や技法を試し，著名な芸術家の作品を研究し，最終的な作品を制作します。ここにおいて，制作，知覚，省察が統合され，相互に作用することになります。

　アーツプロペルのポートフォリオ（プロペル・ポートフォリオ）は，芸術家のポートフォリオから発想されていますが，それとは性格の異なるものとして特徴づけられています。芸術家のポートフォリオは，完成した作品をファイルしたもので，主に作品や経歴を外部に向けて発信するために作成されます。それに対してプロペル・ポートフォリオには，作品に至るまでの下書きや構想メモやデッサンが含まれます。またそれらは，生徒による作品とその進展への省察を伴います。それはポートフォリオが，成長と学びを記録し，またそれらを触発するものとして捉えられているからです。このように作品だけでなくプロセスを重視する性格から，プロペル・ポートフォリオは，「プロセス・フォリオ」「プロセス・ポートフォリオ」とも呼ばれています。

　ドメイン・プロジェクトとポートフォリオにおける評価は，「芸術における学びの評価は，可能であり，なされるべきである」という考えにもとづいています。その意義は3点で説明されています。第一に，芸術における学びにも，他の学びと同様に，内省的で創造的な思考が求められます。評価はそのための価値ある情報を提供します。第二に，指導と一体化した多面的な評価システムを開発すれば，評価は生徒における芸術の理解の水準を明確にし，それを拡張できます。成熟した芸術家にとって評価が形成的で教育的な役割を果たすように，学習者である生徒にとっても評価は価値ある役割を果たすことができます。第三に，評価は学区，教師，保護者に，生徒の進歩についての情報を提供します。学区は目標に向けた教育の進捗状況を把握し，教師は生徒の学習状況を把握して指導の効果を知り，保護者は子どもの教育経験を理解します。

このように，プロペルの評価のアイデアは，学びと指導のための情報源としての評価であるということを強調するものとなっていました。

(2) ポートフォリオ文化

アーツプロペルにおけるポートフォリオ評価のアイデアは，クラスにおける「ポートフォリオ文化」の構築として特徴づけられています。ポートフォリオ文化は，①生徒が長期的なプロジェクトに参加すること，②生徒が学ぶ芸術家としての成長を自覚すること，③生徒が個人としての成長を自覚すること，④生徒が能動的な学習者になること，という4点で説明されています。その具体的な様相を，あるビジュアルアート教師は，以下のように描いています。

> 生徒が制作，省察，認知のプロセスに慣れるにつれて，その活動は完全な教師主導ではなくなり，生徒が生み出すようになりました。生徒たちは，自分で決断を下すことで，責任が高まるのを経験しました。生徒たちは，お互いの進歩や成果を積極的に批評し合うようになりました。また，問題解決のために，お互いに助言を求め合うようになりました。このプロセスがより洗練されるにつれて，生徒たちは，新しいアイデアや探究の可能性を生み出すような質問を自らに投げかけるようになりました。そして自分たちの芸術的成長をモニターし，定義しはじめました。ポートフォリオのプロセスを通じて，新たな学びをもたらし，さらに発展を促すために振り返りを行いました。学習は，一つの活動として孤立するのではなく，重層的なものとなりました。ビジュアルリテラシーと言葉による芸術的コミュニケーションが向上しました。最後に，最も重要なことですが，生徒たちは自信をもつようになりました。彼らは自分たちを単なる技術者ではなく，芸術家として見ていました。
> (Ibid., 37)

ポートフォリオは，生徒たち自身が用い，生徒たち自身が「芸術家」になる，すなわち表現者になるプロセスを支えるものでした。それを生徒たちが相互的かつ自律的に行う文化が，ポートフォリオ文化と呼ばれています。

　ポートフォリオの概念の開発に中心的に携わったのは，アーツプロペルの共同ディレクターの一人であるウルフです。ウルフは 1970 年代半ばから，プロジェクト・ゼロで働きはじめ，最初は子どもたちの描画や歌唱を観察する縦断研究に携わっていました。その中で得た，子どもは数多くの正当な表現言語を有しているという確信が，柔軟な評価を探究する原点になったといいます（Goldberg, 1994）。

　ウルフは「学びのエピソードとしての評価」（1992）において，プロセス・ポートフォリオの特徴として，「より大きな学びのエピソードの一部としての評価」の概念を提示しています。その特徴は以下の 4 点です。1 つ目は，継続的な評価を学びの一部として捉えることです。生徒が自分の以前の作品と新しい作品を比べながら「自伝的な理解」を生み出すプロセスを，ウルフは妹の死についてのエッセイを書く女子高生が，叙述の順序によって物語が変わることに気づいたプロセスを例に説明しています。2 つ目は，ポートフォリオ文化の中で行われること，すなわち「よい仕事とは何か」が頻繁に公的に議論される中で行われることです。生徒は基準にアクセスできる必要があり，優れた仕事の多面的な性格を知ることが大切です。3 つ目の特徴は，生徒が学び手である自分自身についての省察的な自伝を構成するのに役立つことです。プロセス・ポートフォリオは，アーカイブではなくライブであり，たえず使用されるということが強調されています。4 つ目は，先生や仲間，親や他の大人から，自分の作品への批判的な読みを聞くことです。そこで受けとった意見をどう受けとめるか，生徒には考えるための時間と支援が与えられます（Wolf, 1992）。

　プロジェクト・ゼロと同じ時期に，グラント・ウィギンズ（Grant P. Wiggins）を中心とする「真正の評価」論の系譜でも，標準テストによる評価を批判しポートフォリオによる評価を発展させています。西岡によれば，「真正の評価」論において，カリキュラムは望ましいパフォーマンスに従って設計されます。その文脈におけるポートフォリオは，あらかじめ定められた採点指針にもとづいてフィードバックを行い，学力の習得を証明するためのものです。それに対して，プロジェクト・ゼロの影響を受けた学校のポートフォリオは，子どもの「自己評価」を重視します（西岡, 2003）。ウィギンズらの「真正の評価」論が，基本的に評価によって学びを管理しようとするのに対して，ウルフらのポートフォ

リオは評価をより広範な学びの一部として位置づけるものだったということができます。

　さて，アーツプロペルの評価の考え方は，生徒自身の自己評価と省察を重視する点，ポートフォリオ文化という共同体の文化を重視する点において，レッジョ・エミリアの考えと親和性が高いように思われます。実際に，ウルフは1980年代半ばからイタリアに滞在し，継続的にレッジョ・エミリアと協働していたようです（Goldberg, 1994）。また，レッジョ・エミリアのリナルディは，アーツプロペルのアートと評価の議論について，その分析と立場に同意すると述べています。イタリアでも標準テストが普及し，芸術が単なる補完物になりつつあるが，アーツプロペルの芸術と評価へのアプローチを変えるという考えは，その状況への効果的な対応となるだろう，と（Rinaldi, 2001a）。

　しかし，にもかかわらず，プロジェクト・ゼロとレッジョの共同研究「学びを可視化する」では，両者の考えの差異が際立つこととなります。

4. ドキュメンテーションと評価

　プロジェクト・ゼロとレッジョの共同研究「学びを可視化する」は，「ドキュメンテーションとアセスメントの関係」をテーマとして，1997年から第一フェーズがスタートしました。その成果は，『学びを可視化する（Making Learning Visible)』として2001年に刊行されています。ここではその議論を通して，ドキュメンテーションとポートフォリオの違いがどのように立ち現れたかということを確認します。

(1) グループへの着目

　『学びを可視化する』は，単に，子どもの学習状況を可視化しアセスメントを行うやり方について書かれた本ではありません。着目すべきは『個人およびグループの学習者としての子ども（children as individual and group learners)』というサブタイトルです。この本のテーマは，子どもの小グループにおける関係性への焦点化にあります。そこでは，子どもだけではなく，教師同士の学びや保

護者同士の学びも分析の対象となっています。

　グループへの着目を象徴的に示しているのは，『学びを可視化する』の冒頭に掲げられたマテオ（10か月）とその友人のエリカ（13か月），エリザベッタ（11か月）の物語です。14枚の写真（シーン）とキャプションで構成された物語は，以下のように展開しています。[*7]

【シーン1】床に広げられた紙の上に，マテオ，エリカ，エリザベッタが座っている。マテオはマーカーを持っている。

【シーン2】（先生にとって予想外なことに），マテオは，マーカーで紙に描きはじめるのではなく，エリザベッタに助けられて紙を破りはじめる。

【シーン3】破れた紙は丸まりチューブ状になる。マテオはマーカーと新しくできたチューブを見比べ，その関係の可能性を見出す。

【シーン4】マテオはチューブを傾け，その中にマーカーを入れようとするが，チューブが傾きすぎて失敗する。

【シーン5】マテオは可能性を形にしたいと願い，チューブとマーカーを抱きしめる。

【シーン6】エリカがやってくる。
「彼女はマテオの『作戦』を理解したのでしょうか？」

【シーン7】エリカはマーカーを手に取りチューブに滑り込ませる。

【シーン8】エリカはチューブの下を見て待つが，チューブの傾きが緩いため，マーカーはもう一方の端から出てこない。

【シーン9】エリザベッタが見ている中で，エリカはもう一つ，マーカーをチューブに滑り込ませる。今度は傾きが大きくなっている。

【シーン10】チューブの下から2つのマーカーが出てくる。穴の空いた物に他の物を入れて楽しむゲームは，マテオとエリカが既に経験していたものである。

【シーン11】エリカは満面の笑みを浮かべている。
「満足感は大きく，エリカの努力と粘り強さが報われました」。

【シーン12】他のマーカーを使用してゲームが繰り返される。

【シーン13】エリザベッタがやってくる。
「欲望は伝染します」。

---

*7　以下，「」内は原文のキャプションからの引用である。

【シーン 14】エリザベッタがチューブをのぞき込み観察している。3 人はこのことを記憶し，別の機会に似たことを試すだろう。
「時間は子どもたちの最大の味方になるでしょう。少し立ち止まり，省察する時間を自らに与えることは，多くの場合，そこで行われる学びや形成される人間関係に質を与えることを意味します」。　　　　　　(Filippini & Giudici, 2001)

　この本について説明する「読者へのガイド」は，このマテオらの物語を受けて，次のように述べています。

　　マテオと彼の友人たちの物語が示しているように，グループは，最年少の者たちにも，学びのための強力な文脈を提供する。確かに，このことは大人の知識学習領域のほとんどに当てはまり，学びの多くはグループ環境で行われる（科学研究室，芸術集団，企業を想起のこと）。しかし，アメリカの学校では，指導評価のほとんどの側面と事実上全てのアセスメント実践が，個人の成績と達成度に焦点を当てている。この本では，グループがアイデア，理論，理解を発展させる方法を体系的かつ目的をもってドキュメンテーションを行うことが，個人だけでなくグループの学習にとっても重要なメタ認知活動の基礎になる，したがって，真剣に調査する価値があるのだと主張する。ここで報告される研究の焦点は，グループ学習でもなければ，ドキュメンテーションでもない。この 2 つが交わる部分で何が起きるかということである。　　　　　　(Project Zero, & Reggio Children, 2001)

　個人を焦点化する従来のアメリカの評価に対して，ドキュメンテーションによってグループを焦点化するのだということが強調されています。しかし，グループを焦点化するアセスメントとは，何を意味するのでしょうか。

(2)　ドキュメンテーションにおける意味の探究

　『学びを可視化する』は，アセスメントの本というよりはグループの学びを焦点化した本に見えます。先に紹介したマテオの物語と同じように，写真にキャ

プションをつけた形で，子どもたちのストーリーがいくつも掲載されています。ドキュメンテーションを行う教師についてのストーリーも掲載されています。そして，その内容についての考察が行われます。それらはいわゆる「評価」とは，あまり関係がないようにさえ見えます。

　しかし，リナルディの論考「ドキュメンテーションとアセスメント」を読むと，そのプロセスこそが評価として捉えられているのだということがわかります。リナルディによれば，ドキュメンテーションと，教師の省察のために書かれる一般的な記録は，以下の2点において大きな違いがあります。第一に，一般的な記録が事後的な行為であるのに対して，ドキュメンテーションは渦中の記録であり，学ぶ行為の一部です。第二に，一般的な記録では，教師が前もって学習の流れを設定し，それに照らして目標の達成のアセスメントが行われますが，ドキュメンテーションは「意味の探究」を焦点化します。リナルディは意味の探究を，人間の根源的な営みとして捉えています。

　　　我々は意味をもたずに生きることはできない。意味の喪失は，アイ
　　デンティティの感覚，希望，未来の喪失である。子どもたちはこのこ
　　とを知っていて，人生の最初から探索をはじめる。人類の若いメンバー
　　として，個人として，人として。生の意味と生における自己の探究は，
　　子どもとともに生じ，子どもはそれを望む。　　　　　　(Rinaldi, 2001b)

　ドキュメンテーションが意味の探究を焦点化するということは，子どもたちが意味を構築し，説明理論を構築するプロセスを支えるということです。これに続けてリナルディは，先述したリスニング・ペダゴジーの議論を展開しています。

　このドキュメンテーションの過程に価値という要素が入り込むことを，リナルディは「アセスメントの生成」と表現しています。記録に先立って決められた基準によってではなく，計画や見取り図の隙間において，子どもたちと教師たちのコミュニケーションの関係が構築され，問い，対話，同僚たちとの討議が位置づき，何をするかが話し合われます。それは何に価値を付与するかの決定であり，「アセスメントの過程」です。このことが，ドキュメンテーションを子どもたちにとって，価値あるものにします。

　　子どもたちが遭遇するのは，自分たちのしたことが，物語の形をとっ
　て語られる状況であり，教師がその作品から引き出した意味である。子
　どもたちにとってそれは，自分たちのすることに価値があり，意味が
　あるということを明示されるということだ。そうして子どもたちは，自
　分たちが「存在」していることを知り，匿名性と不可視性から現れ出
　でて，自分たちが言ったりしたりすることは重要であり，耳を傾けら
　れ，真価を認め（appreciate）られていることを見出す。それが価値づ
　けである。
　　　　　　　　　　　　　　　　　　　　　　　　　　　（Rinaldi, 2001a）

　以上をふまえると，ドキュメンテーションは，評価のツールではなく，探究
やプロジェクトのデザインのツール，あるいはカリキュラム開発のツールであ
ると表現したほうがよかったように思われます。しかしリナルディは，価値付
与が行われているということを捉えて，ドキュメンテーションにはアセスメン
トが含まれていると述べました。
　1990 年代以降，新自由主義とグローバリゼーションが席巻する中で，英米圏
の研究が覇権をもつようになり，ヨーロッパやアジアの国々もその中に巻き込
まれていきました。リナルディらは，評価が過剰に強調され重視される時代状
況に危機感を抱き，ドキュメンテーションを評価のツールとして提示すること
によって，評価という言葉の意味それ自体を変えようとしました。すなわち，ア
セスメントとエバリュエーションの概念を引き受けつつ，その内実を掘り崩し
再創造することを選択したといえます。

(3) 個人主義を超えて

　プロジェクト・ゼロから参加したザイデルは，アメリカのアセスメントの実
践とレッジョのドキュメンテーションを比較し，その違いを深く認識していま
す。ザイデルによれば，進歩主義教育の伝統をひくポートフォリオでさえ，ド[*8]
キュメンテーションとは決定的に異なります。プロセス・ポートフォリオは，リ
ナルディのいう「渦中」の記録であり，学びの一部として位置づいています。で
は，ザイデルはどこに大きな違いを見出したのでしょうか。

　ザイデルは「ホームからドキュメンテーションを理解する」と題された論考において，まず，レッジョ・エミリアと共有しているものから議論をはじめています。そこでは，自分たちがアセスメントとエバリュエーションを区別している点に，ドキュメンテーションとアセスメントについてのレッジョの視点との親和性を指摘しています。また，アメリカの教育的伝統にも，レッジョ・エミリアのやり方と共有されるものを見出しています。たとえばプロジェクト・ゼロの「スペクトラムプロジェクト」が，子どもの能力や知性への焦点化や綿密な観察と記録への依拠を共有している点です。進歩主義教育の系譜をひくプロスペクト・スクールにおける子どもの観察とその作品の分析も，アメリカの人々にとって，レッジョ・エミリアと結びつけうる自分たちの経験となっているといいます。

　中でも重要な伝統が，オルタナティブ・アセスメントであるポートフォリオです。それはアメリカの多くの学校で，生徒，教師，保護者間の会話の焦点となり，生徒が学習について話し合う際に，中心的な役割を果たしています。また従来は使い捨てにされてきた生徒の学習課題が，ポートフォリオに収録されるようになり，子どもが行うことの尊厳が回復されました。しかしもう一方で，このプロセスには問題も生じているとされています。プロジェクトは生徒どうしが協力するようにデザインされているため，ある生徒の貢献と別の生徒の貢献は分けることができません。そのために，作品を誰のポートフォリオに入れるのかという問題があります。そしてさらなる問題は，子どもたちが協力したときには，一人ひとりの子どもよりも優れた能力を発揮できるけれど，アメリカにはその知識の構成を表現する方法がないということです。ザイデルはアーツプロペルにおける死刑制度に関するエッセイを事例として，生徒の作品はその生徒一人のものではなく，相互作用とさまざまなリソースや価値やアイデアの合流によるものだったことを指摘しています。

　このことをふまえて，ザイデルは自分たちとレッジョとの大きな違いを2つ

---

*8　進歩主義教育（progressive education）は，19世紀末のアメリカではじまった教育改革運動である。多様な潮流があるが，1960年代に再興したのは，ジョン・デューイの思想を引き継ぐ子ども中心主義の系譜であった。ヨーロッパや日本の同時期の教育改革は新教育（new education）と呼ばれることが多い。

挙げています。一つは，アメリカのアセスメントが個人を焦点化するのに対して，レッジョ・エミリアのドキュメンテーションはグループを焦点化するということです。もう一つは，アメリカのアセスメントが成果，達成，進歩の測定を焦点化するのに対して，ドキュメンテーションは教える，学ぶ，遊ぶ，思考するという行為そのものを焦点化するということです。すなわち，アメリカのアセスメントが，たとえオルタナティブ評価のツールであるポートフォリオであったとしても，何らかの意味で個々の子どものアウトカムを測るものであるのに対して，ドキュメンテーションはグループにおける子どもと大人の学びのプロセスを構成するということが見出されたのです（Seidel, 2001a）。

　ザイデルが『学びを可視化する』に寄稿したもう一つのエッセイは，「自分自身より大きなものの一部になる」と題されています。そこで問題にされているのは，「学校は今，今日，人生のこの瞬間と何の関係があるのか」ということです。彼がレッジョ・エミリアとの共同研究を通して見出したのは，アメリカでは「子ども時代と呼ばれる人生のあらゆる固有の価値」が無視されているということでした。学校における学びの目的は未来に置かれ，より深い意味，理解，貢献，満足には置かれていません。では今，ここの意義はどこからくるのでしょうか。ザイデルは「グループは個人を抱く」といいます。

　　　自分よりも大きなものの一部であることは，それがグループであれ，コミュニティであれ，他人に利益をもたらす可能性のある企業であれ，現在の意味と満足感の経験をもたらす。このより高い目的への衝動は，あらゆる分野で複雑なタスクを達成するために個人が団結するときによく働く。自分の野心に対する自分の限界を認識するとき，グループは団結する。たとえ少数の集団であっても，個人より大きな存在である。学習や生産にかかわるような大きな目的をもった小さなグループは，グループの重要性を高め，逆説的に，個人の重要性を下げることはない。それどころか，大きな目的，高い基準，厳しい要求をもつグループのメンバーは，教室，学校，地域，学問分野，その他のいずれのコミュニティにおいてであれ，主要人物になる可能性がある。

（Seidel, 2001b）

　ザイデルの考察は続きます。学校教育は，個人主義と共同体への衝動の間の矛盾を抱え，個人を混乱させ共同体を分裂させています。そして，たとえグループ学習を取り入れたとしても，カリキュラムと指導は，個人を学習の単位として構築され続けています。しかしレッジョ・エミリアの経験は，それが必然ではないことを伝えています。個人への焦点化が教育哲学，価値観，実践を完全に支配する必要はありません。個人の権利，貢献，学習は，必ずしもグループの権利，貢献，学習と矛盾しません。グループは，個人の権利，ニーズ，アイデンティティを奪い，個人の精神を押しつぶすような大きくて冷たい容器ではなく，「注意と敬意と愛をもって個人を腕に抱くもの」でありえます。レッジョ・エミリアのドキュメンテーションが描き出す子どもたちの探究は，その可能性を具体的に照らし出しているものとして意味づけられています。

5. オルタナティブな評価を超えて

　本章では，レッジョ・エミリア市のドキュメンテーションが，オルタナティブ評価であるポートフォリオを探究していたハーバード・プロジェクト・ゼロにどのようなインパクトを与えたかを見てきました。冒頭で述べたように，ドキュメンテーションは一般的な意味での評価（アセスメント／エバリュエーション）の記録ではありません。それは共同的な探究を推進する渦中の記録であるとともに，それを大きな世界の意味の網の目を構成するものとして位置づけるものです。ドキュメンテーションをあえて評価のツールとすること，共同的な意味生成の営みにおける価値付与を「評価」と呼ぶことは，一方では指標によって標準化された学びのアイデアを，もう一方では個人主義的な学びのアイデアを批判する形で機能しています。

　さて，私たちは，レッジョ・エミリアとプロジェクト・ゼロの出会いから，何を学ぶことができるでしょうか。序章で示されているように，指標や標準化による評価に対してオルタナティブな評価が模索されています。レッジョ・エミリアのドキュメンテーションは，そのオルタナティブに示唆を与えるものですが，同時に，オルタナティブな評価を超える評価のアイデアとして受けとめられる必要があります。

　第一に，ドキュメンテーションを，子どものさまざまな言葉に耳を傾け，そのアイデアを知り，世界の意味を共同構築するために使う必要があります。ドキュメンテーションが評価のツールとして紹介されたことは，日本の文脈では，ある種の混乱をもたらすものであったように思われます。日本の保育・幼児教育の伝統において，評価はそれほど重視されてきたテーマではありません。英米圏の文脈と異なり，子どもの育ちや学びを測定することは制度的に要求されてきませんでした。また，日本の伝統的な保育実践記録は，個々の子どもではなく関係における出来事を焦点化し描き出す点で，個々の子どもの評価ツールとして開発されたポートフォリオやラーニング・ストーリーよりも，ドキュメンテーションに近い視点をもっています。[*9]

　第二に，ドキュメンテーションに内包される協同的な学びのアイデアを，個人主義的な学びのアイデアとは異なるものとして認識する必要があります。ドキュメンテーションによって，子どもとともに世界に耳を傾け，子どもとともに世界の意味を構築し，自分たちがより大きな世界の一部であるという感覚を子どもとともに得ること。それは人間の共同体であると同時に，人間ではない存在をも含むような共同体です。ドキュメンテーションはそのプロセスを支えます。

　一人ひとりの子どもが大切であるのは当然です。しかし，ドキュメンテーションにおいて，そのことが意味するのは，個々の子どもが何をどのように学ぶか，どのように世界に意味を付与するか，どのような大人になるかを，評価を通してコントロールすることではありません。全ての子どものアイデアに耳を傾け，それを尊重し，より大きな世界の意味の織物へと編むことなのです。

---

*9　ただし，日本の保育実践記録は，保育そのものよりも保育の研究のために書かれることが多く，子どもや保護者が読むことを想定していなかった点では，ドキュメンテーションと異なる。

―――――――――――― 参考・引用文献 ――――――――――――

浅井幸子（2019）. 評価への「抗体」としてのドキュメンテーション――価値・意味生成・翻訳　教育学研究, **86**(2), 249-261.

浅井幸子（2022）. トランスナショナル・ドキュメンテーション――レッジョ・エミリア市の幼児教育の記録の歴史　幼児教育史学会（監修）　小玉亮子・一見真理子（編）　幼児教育史研究の新地平（下）――幼児教育の現代史　萌文書林, pp. 327-354.

Dahlberg, G. (2011). Pedagogical Documentation: A Plactice for Negotiation and Democracy, In C. Edwards, L. Gandini, and G. Forman (eds.), *The Hundred Languages of Children（Third Edition）: The Reggio Emilia Experience in Transformation,* Praeger, p. 226.

Filippini, T., & Giudici, C. (2001). Contagious Expectation, In Project Zero & Reggio Children(eds.), *Making Learning Visible: Children as Individual and Group Learners,* Reggio Children, pp. 10-15.

Gardner, H. (2001). Introduction, In Project Zero & Reggio Children(eds.), *Making Learning Visible: Children as Individual and Group Learners,* Reggio Children, pp. 25-27.

Goldberg, M. F. (1994). A Portrait of Dennie Palmer Wolf, *Educational Leadership,* **52**(2). https://www.ascd.org/el/articles/a-portrait-of-dennie-palmer-wolf（2023 年 8 月 20 日閲覧）

マラグッツィ, L.（2012）. 子どもたちの100 の言葉　レッジョ・チルドレン（著）　ワタリウム美術館（編）　田辺敬子・木下龍太郎・辻　昌宏・志茂こづえ（訳）　子どもたちの100 の言葉――レッジョ・エミリアの幼児教育実践記録　日東書院, pp. 24-25.

西岡加名恵（2003）. 教科と総合に活かすポートフォリオ評価法――新たな評価基準の創出に向けて　図書文化, pp. 222-223.

小田勝己（1999）. 総合的な学習に適したポートフォリオ学習と評価　学事出版

Project Zero, & Reggio Children(eds.). (2001). A Guide for the Reader, In Project Zero & Reggio Children(eds.), *Making Learning Visible: Children as Individual and Group Learners,* Reggio Children, pp. 16-23.

Rinaldi, C. (1996). 1980-1996: Evolution of the Choice, In Municipality of Reggio Emilia and Infant-Toddler Centers and Preschools(ed.), *The Hundred Languages of Children（Catalogue of the exhibition）,* Reggio Children, p. 114.

Rinaldi, C. (2001a). Documentation and Assessment: What is the Relationship?, In Project Zero & Reggio Children(eds.), *Making Learning Visible: Children as Individual and Group Learners,* Reggio Children, pp. 78-89.

Rinaldi, C. (2001b). Documentation and Assessment, In Project Zero & Reggio Children(eds.), *Making Learning Visible: Children as Individual and Group Learners,* Reggio Children, pp. 78-89.

Rinaldi, C. (2006). *In Dialogue with Reggio Emilia,* Routledge.

Seidel, S. (2001a). Understanding Documentation Starts at Home, In Project Zero & Reggio Children(eds.), *Making Learning Visible: Children as Individual and Group Learners,* Reggio Children, pp. 304-311.

Seidel, S. (2001b). To Be Part of Something Bigger than Oneself, In Project Zero & Reggio Children(eds.), *Making Learning Visible: Children as Individual and Group Learners,* Reggio Children, pp. 312-321.

Winner, E. (ed). (1991). *Arts PROPEL: An Introductory Handbook,* Educational Testing Service and the President and Fellows of Harvard College.

Wolf, D. P. (1992). Assessment as an Episode of Learning, *Assessment Update,* **4**(1), 5-6, 14.

第3章

ドイツ
「子どもの視点」から学びを描く

1. 子どもの視点（Perspective）にこだわる

　ドイツの保育アセスメントは，子どもの経験や学びを記述・解釈するための
「観察とドキュメンテーション（Beobachtung und Dokumentation）」を中心に行
われています。観察やドキュメンテーションは多くの国々の保育実践で重要視
されていますが，ドイツでは，2000年代に保育内容が大きく転換する中で，保
育者の新たな専門性として位置づけられました。

　ドイツの特色は，保育アセスメントの形式が国レベルで定められておらず，多
様な観察とドキュメンテーションが混在している点にあります。州によって，保
育事業者によって，保育施設によって，観察とドキュメンテーションの方法は
異なっており，「ドイツの保育アセスメント（観察とドキュメンテーション）」と
一括りにして論じることはできないほどです。本章では，ドイツで多様に展開
されている保育アセスメントのうち，「子どもの視点（Perspektive des Kindes）」
に焦点を当てた観察とドキュメンテーションについて検討します。ここでの「視
点（パースペクティブ：perspective）」は，子どもの願いや思いだけではなく，見
方，感じ方，捉え方などの「子どもに見えているもの」を広く含んでいます。こ
のような観察とドキュメンテーションで目指されているのは，「子どもの視点」
から子どもたちの学びを描き出すことです。

　以下では，①観察とドキュメンテーションをめぐって何が議論されてきたの

か，②「子どもの視点」から学びを読み解く観察とドキュメンテーションのアプローチ，③保育者にとっての観察とドキュメンテーションという3つの視点から，ドイツの保育アセスメントから何を学ぶことができるのかについて考えます。

2. 観察とドキュメンテーションをめぐる議論

ドイツでは，他の国々と同様に子どもの学びを可視化するための「観察とドキュメンテーション」が重視されています。連邦レベルのカリキュラムガイドラインでは，子どもたち一人ひとりの興味や問いを中心に置いた保育実践のために，子どもの学びや育ちのプロセスを体系的に観察・記録することの重要性が示されており（JMK/KMK, 2004），各州のカリキュラムも同様の考え方にもとづいています。

ここでは，ドイツの保育において観察とドキュメンテーションが重視されるようになった歴史的経緯を概観します。

(1) 学びを重視する保育カリキュラムへの転換

ドイツの保育において観察とドキュメンテーションが重視されるようになった背景には，2000年代初頭の保育カリキュラム改革があります。ドイツの伝統的な保育は子どもの生活と結びついたホリスティックな育ちや学びを重視しており，学校教育とは異なる独自性をもつものでしたが[*1]，東西ドイツの統一後に保育の質向上が目指されたことや学力問題などを背景として，根本的な改革を迫られました。新しい保育カリキュラムでは教育的な側面が重視され，乳幼児期からの「学び」や「教育」を基本原理として，言語教育や学校教育との繋がりを強化する内容が盛り込まれました。また，遊びやプロジェクト活動を通し

---

*1 旧西ドイツの就学前教育では，1970–1980年代にかけて，「状況的アプローチ（Situationansatz）」や「社会学習（Soziales Lernen）」と呼ばれる子どもの世界に根差した教育方法が開発され，発展していた。詳細は，豊田（2017）を参照。

て，①一人ひとりの能力や学びに向かう力を幼児期から強化すること，②子どもの探究心を広げ，援助し，誘発すること，③価値の教育，④学び方の学習を促進すること，⑤社会的な文脈における世界習得の実現などが保育施設の新たな任務として規定されました（JMK/KMK, 2004）。

　このような保育を実現するために不可欠なものとして位置づけられたのが，観察とドキュメンテーションです。すなわち，体系的な観察とドキュメンテーションを通して子どもの学びや育ちのプロセスを可視化し，子どもたち一人ひとりの興味や問い，トピックを中心にした保育実践をデザインすることが保育の質を高めることに繋がると考えられたといえます（JMK/KMK, 2004）。従来，ドイツの保育者はインフォーマルな子ども理解を行ってきましたが（Knauf, 2005），新しい保育カリキュラムで目指されたのは，保育者がより体系的に子どもの育ちや学びの観察とドキュメンテーションを行い，質の高い保育実践をデザインしていくことでした。現在，観察とドキュメンテーションは全ての州のカリキュラムで推奨されており，州によっては義務として規定されています（Gerstein, 2020）。

(2) 観察とドキュメンテーションをめぐる議論

　子どもの学びを重視する保育カリキュラムへの転換や体系的な観察とドキュメンテーションという政治的要請は，ドイツの保育関係者に新たな課題として受けとめられました。観察とドキュメンテーションが保育実践に欠かせないものとして位置づけられる一方で，何をどのように観察・記録するのかということは明確に規定されておらず，乳幼児期の学びの概念や観察とドキュメンテーションの方法論をめぐってさまざまな議論が行われるようになりました。以下では，それらの議論の概要を示します。

　まず，観察とドキュメンテーションの対象となる乳幼児期の学びの捉え方をめぐる議論について見ていきます。ドイツでは，先に示した保育カリキュラム改革を受けて，特に2000年代初頭から「乳幼児期の学びとは何か」ということが議論されるようになりました。[*2]それらの議論では，①伝統的な保育観にもとづいて社会情緒的な学びを重視する立場，②子ども自らが学ぶ主観的なプロ

セス（「自己形成」としての学び）を重視する立場，③社会的な相互作用を通した
基礎コンピテンシー[*3]の育成（「共同構成とコンピテンシー発達」としての学び）を
重視する立場などがあり，乳幼児期の学びの捉え方が一様ではないことがわか
ります（中西, 2023）。次節で述べるように，このような学びの捉え方の多様性
を反映して，ドイツの保育における観察とドキュメンテーションには複数のア
プローチがあります。

　次に，観察とドキュメンテーションの方法論をめぐる状況について見ていき
ます。観察とドキュメンテーションについても，ドイツ全体に共通する方法論
や様式はなく，多様な考え方や方法が混在している状況にあります。このよう
な状況の背景には，各州の自律性やさまざまな価値観をもつ保育事業者の多様
性を尊重する文化があり，それぞれの州の教育計画や保育事業者の理念に適し
た方法を選ぶことが大切であると考えられています（Gerstein, 2020）。そのため，
州や保育事業者，保育施設ごとにさまざまな観察とドキュメンテーションの方
法が開発されたり，使用されたりしています。

　ドイツでは 2000 年代初頭の保育カリキュラム改革に伴い，保育内容や保育
者に求められる専門性が大きく変化しました。体系的な観察とドキュメンテー
ションを行うことが保育者の中心的な任務とされる一方で，どのような方法を
用いるのかについては各州や保育事業者，保育施設の裁量に委ねられており，多
様な観察とドキュメンテーションの方法が混在しているのがドイツの特徴であ
るといえるでしょう。

　次節では，ドイツでは観察とドキュメンテーションの方法論をめぐって何が
議論されているのかを概観したうえで，「子どもの視点」から学びを読み解く観
察とドキュメンテーションのアプローチについて見ていきます。

---

*2　ドイツには，乳幼児期の学びにかかわる概念として学習・学びを意味する「Lernen（レルネン）」
　という語の他に，「Bildung（ビルドゥング）」という語がある。ビルドゥングは「陶冶」「人間形
　成」「教養」「教育」など多様な意味を込めて使われる言葉だが，本章では，特に「子ども自らが学
　ぶ主観的なプロセス」を表す「自己形成（Selbstbildung）」としてのビルドゥングに着目している。
　「自己形成」としてのビルドゥングは，乳幼児期の学びの内実をどのようなものとして捉えるのか
　という議論に深くかかわっている。
*3　コンピテンシーとは，知識・技能の獲得に限られない，より幅広く全体的な能力を表す概念である。
　ドイツでは，学校やその後の社会生活で求められる基礎コンピテンシーを乳幼児期から育成するこ
　とが，各州の保育カリキュラムに共通する目標の一つとして掲げられている。

3.「子どもの視点」から学びを読み解く観察とドキュメンテーション

(1) 観察とドキュメンテーションの 2 つのアプローチ

　観察とドキュメンテーションは，子どもの学びや育ちを可視化するものとして理解されていますが，ドイツでは主に 2 つのアプローチがあることが指摘されています（Knauf, 2005; Knauf, 2015; Viernickel & Völkel, 2017）。

　1 つ目のアプローチは，「リソース志向」あるいは「プロセス志向」と呼ばれるものです（以下，リソース志向）。このアプローチでは，子どもは一人ひとり異なる存在と捉えられ，個々の子どもがもつリソースや可能性をより豊かにすることに力点が置かれます。「子どもは何をしているのか」という視点から，子どもの興味やテーマを読み解くために観察やドキュメンテーションが行われます。このアプローチは，レッジョ・エミリアのリスニング・ペダゴジーと結びつきがあるものと考えられています（Knauf, 2015）。このように，「リソース志向」のアプローチでは，「子どもが持っているもの」「子どもが行っていること」「子どもに見えているもの」を読み解くことに主眼が置かれています。

　2 つ目のアプローチは，子どものスキルや能力を評価するために観察とドキュメンテーションを行うものです。このアプローチでは，平均的な発達に向けた能力の獲得が目指され，子どものできることとできないことを明らかにすることに重点が置かれます。観察とドキュメンテーションでは，結果とパフォーマンスに焦点が当てられます。

　これらのアプローチは，ともに一人ひとりの子どもへの個別的な支援を見据えたものでありながら（Knauf, 2005），それぞれに異なる目的をもった対照的なものです。しかし，相互に排他的なものではなく，観察とドキュメンテーションがもつ 2 つの側面として捉える見方が示されています[*4]（Knauf, 2015）。

---

*4　ドイツの保育施設では，「リソース志向」の方法と，スキルや能力の評価の両方が実施されている場合が多い。

(2)「リソース志向」の観察とドキュメンテーション──「経験しながらの観察」を中心に

　先に述べた「リソース志向」の観察とドキュメンテーションは，どのような方法で行われるのでしょうか。ここでは，ダウムの整理に依拠しながら，「リソース志向」の方法について具体的に検討します。

　「リソース志向」の観察とドキュメンテーションでは，力強さと有能さを備えた子どもを出発点としています。そして，子どもと子どもの活動に焦点を当て，彼らが世界を習得していくプロセスを「子どもの視点」から理解しようとする点に特徴があります。具体的には，子どものアイデンティティを発見することを目標として，「観察者は子どもの視点を引き受け（einzunehmen），子どもの経験世界に参加し，子どもの表現形式に心を傾けようと」します（Daum, 2016, S. 214）。そして，日常の遊びや生活における子どもたちの学びの経験についてよく知るためには，観察において特定の焦点を定めるのではなく，「子どもたちが自分自身，自分の経験と思考について間接的・直接的に伝えること」に開かれている必要があると考えられています（Schäfer, 2005）。

　ドイツで用いられている観察とドキュメンテーションの方法の中で，「リソース志向」に該当するものとして挙げられるのが①「教育と学びの物語（ドイツ版ラーニング・ストーリー）[5]」（Deutsches Jugendinstitut, 2007），②「子どものテーマ[6]」（Laewen & Andres, 2002），③「経験しながらの観察（Wahrnehmendes Beobachten）[7]」（Arbeitsgruppe Profrssionalisierung frühkindlicher Bildung, 2005; Schäfer & Alemzadh, 2012）です（Daum, 2016）。

　ここでは，「リソース志向」の観察とドキュメンテーションの一例として，「経験しながらの観察」を取り上げます。「経験しながらの観察」は，「リソース志向」の方法の中でも特に「子どもの視点（Perspektive des Kindes）」を読み解く

---

*5　ドイツにおけるラーニング・ストーリーの受容については，中西ら（2022）を参照。
*6　「子どものテーマ」では，一人ひとりに応じた保育のために，子どもたちが取り組んでいるトピックや内容を記録することが保育者の中心的な任務だと考えられている。
*7　"Wahrnehmendes Beobachten" の訳語は，2013 年にシェーファー氏にお会いしたとき，"Experiencing observation" と英訳されていたことを参考に考えたもの。

ことに重点を置いたものであり（Honig, 2010），観察者が「子どもに見えているもの」を経験しながら理解することが目指されています。

「経験しながらの観察」は，ドイツの幼児教育学者ゲルド・E・シェーファー（Gerd E. Schäfer）を中心として，2000年代に開発されたものです。「経験しながらの観察」の内容は，現在までにいくつかの点で改善が重ねられ，変化していますが，ここではそのアプローチの特徴と理論的基盤について概観します。

① 「経験しながらの観察」が目指すもの

「経験しながらの観察」は，一人ひとりの子どもが行っていることや興味をもっていることに大人が注意を払う教育の核心となるものとされています（Schäfer & Alemzadeh, 2012, S. 53）。このアプローチの特徴は，子どもが周囲の人やモノとのかかわりを通して内面的な世界を形成していくプロセス（＝ビルドゥングプロセス[8]）を記述するために，子どもの視点や思考に焦点を当てている点にあります。ビルドゥングプロセスや子どもの視点・思考は目に見えないものですが，「経験しながらの観察」ではそれらを記述可能にすることが目指されています。

それでは，子どもの視点や思考を理解し，ビルドゥングプロセスを描き出すことはどのようにして可能になると考えられているのでしょうか。この点に関して，「経験しながらの観察」の開発者であるシェーファーは，次のような前提に立っています。

　　私たちが他者について語るとき──それがたとえよく知っている子どもに対するものであったとしても──，その語りは基本的に「もっともらしい推測」にすぎない。それは，大人の期待に従って，合理的な部分のみが捉えられるからである。子どもの頭の中を見ることはできないため，私たちにできるのは同じ状況で自分ならどのように行動するのかを想定することだけである。そして，このことは子どもの視

---

*8　シェーファーの考える乳幼児期のビルドゥングプロセスの詳細については，Schäfer（2005）や中西（2023）を参照。

点（パースペクティブ）に関連している。子どもの参加によって，私た
ちの想定は承認されたり拒絶されたりすることが可能とされるべきで
ある。　　　　　　　　　　　　　　（Schäfer & Alemzadeh, 2012, S. 21）

　あたりまえのことですが，子どもに何が見えているのか，何を考えているの
かについて，大人は直接的に知ることはできません。そのうえで，子どもの行
動に自分を重ね合わせ，色々とイメージしてみることで，子どもの視点を解釈
することを試みることができる，とシェーファーは述べています。また，その
ような解釈は，実際の子どもの姿や反応によって，承認されることもあるし，拒
絶されることもあると考えられているといえます。
　このような観察は，子どもの発達や能力の評価を志向するものではなく，子
どもと保育者の間で何らかのトピックを共同構築するための前提を形成するた
めに行われます（Honig, 2010）。

②観察の対象を概念化する

　子どもの視点や思考という「見えない」プロセスに迫るために，「経験しなが
らの観察」でまず重視されているのは，観察の方法や技術ではなく，観察の対
象である子どものビルドゥングプロセスそのものを概念化することです（Honig,
2010）。「経験しながらの観察」で観察の対象とされるのは，子どもがさまざま
な感覚や思考を使って，自らの経験を自分の中に取り込むこと（内面的加工：
Innere Verarbeitung）によって世界を形成していくプロセスであり，具体的には
次のようなプロセスが想定されています（Schäfer, 2005, S. 70-71）。

・感覚的な経験を出発点として，自らの経験を知覚を通して整理・構造化す
　ること
・ファンタジーや遊びを通して整理された知覚を試したり組み替えたりする
　こと
・感覚的な経験をシンボルに変換すること
・周囲の環境や人とのかかわりの中で自らの思考を社会的に調和させること
・自らが出会った問いを起点に探究しながら学ぶこと

表 3-1　2005 年版「経験しながらの観察」における観察のための問い

自己形成ポテンシャル	観察のための問い
社会的環境と物的環境との関係	・どのようなタイプの関係を読み取ることができますか？ ・子どもたちは，言葉を使って，あるいは使わずに，どのようにコミュニケーションを取り合っていますか？ ・子どもたちは，言葉を使って，あるいは使わずに，どのように大人とコミュニケーションを取っていますか？ ・子どもたちはお互いどのように接していますか？ ・子どもたちはどのような考えや思考をやりとりしていますか？ ・子どもたちは興味のあることにどのようにかかわっていますか？

出所：Arbeitsgruppe Profrssionalisierung frühkindlicher Bildung（2005）S. 43 をもとに筆者訳出。

　このように，「経験しながらの観察」では，子どもが経験したことを自分の中に取り込み，周囲の人やモノとのかかわりを通して世界を形成していくプロセスを精緻に概念化することで，そのようなプロセスを観察・記述可能にすることが目指されているといえます。

　2005 年版の「経験しながらの観察」では，子どもが世界を形成するときに用いる感覚や思考に着目した「自己形成ポテンシャル（Selbstbildungs-Potenziale）」と呼ばれる 5 つのカテゴリー（①知覚経験の区分，②内面的な加工，③社会的環境と物的環境とのかかわり，④複雑さに向き合うことと文脈の中での学び，⑤探究しながら学ぶ）が設けられ，保育者が子どものビルドゥングプロセスを読み解く道しるべとなる問いが示されています[*9]（Arbeitsgruppe Profrssionalisierung frühkindlicher Bildung, 2005）。そのような問いの一部を表 3-1 に示します。

③観察者自身に向き合う

　以上のように，「経験しながらの観察」では，「子どもに見えているもの」に迫るための視点や問いが示されています。子どもの視点や思考を読み解くためには，観察者自身があらゆる感覚を使って観察することが必要であると考えられていますが，「経験しながらの観察」のもう一つの特色は，子どもだけでなく，観察者が自分自身に目を向ける点にあります。すなわち，「子どもに見えている

---

*9　2012 年版の「経験しながらの観察」（Schäfer & Alemzadeh, 2012）では，「自己形成ポテンシャル」は理論的基盤の一つとされ，①経験しながらの観察，②記述，③振り返り，④ドキュメンテーションという 4 つのステップにもとづき，より簡潔で取り組みやすい実践方法が示されている。

もの」を観察することに加えて，それらが観察者自身に与える影響も観察されます。ホーニヒは，これを「観察者は二度観察する」と表現しており，子どもの視点や思考を観察者がどのように認識しているのかを意識化することを「経験しながらの観察」の重要なポイントであると述べています（Honig, 2010, S. 94-96）。

　また，2012年版の「経験しながらの観察」では，「振り返り」のステップ（Arbeitsgruppe Profrssionalisierung frühkindlicher Bildung, 2005）で，観察者自身の認識や感情を記録に書き込むことを推奨しています（Schäfer & Alemzadeh, 2012）。そうすることで，観察者のこれまでの経験を子どもの姿に投影していないかを確認したり，観察者自身の主観的な知覚のパターン（たとえば，観察する場面や対象のパターンなど）に気づいたりすることが可能になると考えられています。

④「経験しながらの観察」の具体例——「車掌さんから受験生へ」

　ここでは，実際に作成された「経験しながらの観察」を紹介します（Schäfer & Alemzadeh, 2012, S. 85-87）。「車掌さんから受験生へ——遊び仲間としての観察者」というタイトルが付けられたこの事例では，5歳児のヤン（Jan）と観察者との遊びの様子が描かれています。以下に，エピソードと観察者による振り返りの概要を示します。

　エピソードは，午後の遊びの時間に，タイプライターの前に立っていたヤンが観察者にペンを貸してほしいと頼む場面からはじまります。観察者はヤンにペンを貸してその場を立ち去ろうとしますが，「こっちに来て」と言われ，ヤンが電車を描いた紙をタイプライターに入れる様子を見守ります。

　ヤンはタイプライターを打ちながら，「君は電車の車掌さんだよね？」と尋ねます。観察者はヤンが遊びに誘っていることに気づき，「そうだよ。何をすればいい？」と返します。ヤンは，車掌さんは車で1時に駅に行かなければならないことを伝えます。そして，「いつもこんな風に書かないといけないよ」と言いながら，観察者に一枚の紙を差し出します。ヤンは，駅への到着時刻をメモする観察者の様子を見ながら，「その裏側にきれいな絵を描いて」と付け加えます。観

察者はこの要求に応じますが，「絵を描くことは文字を書くことよりはるかに難しいことに気づいた。つまり，私は絵が全く描けないということだ」と当時の心境を書いています。観察者が描いたシンプルな電車の絵を見て，ヤンは「そうだね。こんな列車で旅することもできる。とっても速く動くよ。世界で一番速い電車なんだ」とコメントします。

　観察者がその言葉を書き留めている間に，ヤンは一旦タイプライターの前に戻りますが，突然，観察者のいる場所に戻ってきます。そして，とてもはっきりとした口調で「列車（Zug）って言って」と言います。このとき，ヤンはUの音を強調していました。観察者はヤンと同じように，その言葉（Zug）を繰り返します。次に，ヤンは一つひとつのアクセントを強調しながら「て・つ・ど・う（Ei-sen-bahn）」と言い，観察者も繰り返します。それから，「じょ・う・き・き・か・ん・しゃ（Dampf-ei-sen-bahn）」という言葉についても同じやりとりが繰り返されます。観察者はこれらのやりとりについて，語学試験や入学試験を想起させるものであり，ヤンは最近そのような試験を受けたのではないかと想像します。

　観察者とのやりとりに満足したのか，ヤンは「オッケー，もうおうちに帰ってもいいよ」と言います。そして，観察者に微笑みかけながら「あなたは試験に合格しました」と言い，飛行機の絵を描きました。その絵を観察者に渡して，「試験に合格したからスペインに飛んでいいよ。1000 年いてもいい。忘れ物をしたら戻らないといけないけどね。君がしなきゃならないのは名前を言うことだけ。何も支払う必要はないよ。いい？」と言います。観察者は何かをもらえたことに驚きつつ，「素晴らしい！　ありがとう」と返します。次にヤンは家の絵を描き，「ここは君だけの家だよ。パパも一緒に連れて行っていいよ。あそこにプールがあるんだ。階段もある。そして，プールからのすべり台もあるよ。いいでしょ？」と言いました。

　観察者は幸せな気持ちになり，ヤンもそれを喜んでいます。

　観察者が担任の保育者に尋ねたところ，ヤンは最近試験を受けたことがわかりました。

▌ 振り返り

　以上のエピソードに対して，観察者は「ビルドゥングプロセスと興味を可視化する」「自分のかかわりを振り返る」「観察の中で自分自身を認識する」という3つの視点から振り返りを行っています。

　振り返りで考察されていたのは，以下のような事項です。

- ヤンが試験で経験したこと（試験および試験に合格したらご褒美がもらえるという経験がごっこ遊びを通じて表現され，その経験を自分なりに処理しようとしたのではないかということ
- 遊び全体が「旅」というテーマで貫かれていたこと（そして観察者が「きれいな絵を描いて」と言われたとき，電車の絵を描いたことで偶然にもそのテーマが維持されたこと）
- ヤンが描いた絵のうち，乗り物（電車と飛行機）が家よりも精巧に描かれていたことから乗り物への興味がうかがえること
- 観察者はヤンの指示に応じていたけれども，自発的に遊びに入り込めていなかったのではないかということ
- 「きれいな絵を描いて」という要求に対して，絵を描くのが得意でない観察者は不安を感じ，ヤンが試験で感じたであろう気持ち（普段やらないことをやらなければならない子どもの気持ち）を想像することができたこと

　以上のように，「経験しながらの観察」では，①保育者が子どもの側から「子どもに見えていること」にアプローチするための観察であること，②保育者が観察した「子どもに見えていること」に，保育者自身の知覚や認識がどのようにかかわっているのかを観察することの 2 点が主軸とされています。

　開発者自身が触れているように，このような観察とドキュメンテーションの実践には，多くの経験やトレーニングが必要になるでしょう（Schäfer & Alemzadeh, 2012）。しかし，「子どもが持っているもの」「子どもが行っていること」「子どもに見えているもの」を読み解くという「リソース志向」の方法で目指されていることを，「何を観察・記録するのか」という視点から具体化しようとする「経験しながらの観察」のアプローチには，学ぶことがあるように思います。

4. 保育者にとっての観察とドキュメンテーション

　現在のドイツでは，ほとんどの保育施設で何らかの形で観察やドキュメンテーションが行われています。2013 年に実施された調査では，約 7 割の保育施設が

体系的な観察とドキュメンテーションの方法を導入していることが明らかにされています（Viernickel et al., 2013）。このように，ドイツの保育施設では観察とドキュメンテーションが広く普及していますが，保育者は観察やドキュメンテーションをどのように受け止め，実践しているのでしょうか。ここでは，ドイツの保育施設におけるドキュメンテーションの実証研究を行っているクナウフの研究に着目して，①ドキュメンテーションのスタイル，②観察とドキュメンテーションをめぐる課題について検討します（Knauf, 2015; 2020）。

(1) ドキュメンテーションのスタイル

第 3 節で示したように，ドイツの保育施設で行われている観察とドキュメンテーションには，①「リソース志向」のアプローチ，②子どものスキルや能力の評価という 2 つの側面があります。クナウフは，ドキュメンテーションに対する理解が保育施設によってさまざまであることに着目し，保育施設へのインタビュー調査を通して，ドキュメンテーションが保育実践の中でどのようなものとして位置づけられているのかについて分析しています[10]（Knauf, 2015）。

その結果，ドキュメンテーションのスタイルを分類するカテゴリーとして，「重要性／自己理解」（ドキュメンテーションが保育実践の重要な要素とみなされているかどうか），「標準化」（ドキュメンテーションに既成の様式が使われているかどうか），「診断／評価」（ドキュメンテーションを診断や評価のために用いているかどうか），「参加」（ドキュメンテーションに子どもたちが積極的に参加しているかどうか），「グループでの学び」（個人ではなくグループでの学びのプロセスに焦点を当てているかどうか）が抽出されました。クナウフは，これら 5 つのカテゴリーにもとづき，調査対象園で行われているドキュメンテーションのスタイルを①「幼

---

*10 調査は，ノルトライン＝ヴェストファーレン州の 40 の保育施設の施設長および経営者を対象に行われ，実際に作成されたドキュメンテーションの記録と分析も行われている。なお，この調査におけるドキュメンテーションは，1.ポートフォリオ（一人ひとりの子どもに焦点を当てたもので，ラーニング・ストーリーはポートフォリオの重要な要素だと考えられている），2.壁面展示（行事や日常の保育，長期的なプロジェクト活動の様子など），3.子どもの作品の展示を含んでおり，これら 3 つの形式はドイツの保育施設で実施されているドキュメンテーションの主要な形式であるとされている。

表3-2　ドイツの保育施設におけるドキュメンテーションのスタイル

		園の自己理解におけるドキュメンテーションの重要性	
		（あまり）重要でない	（かなり）重要
標準化の度合い	低い	タイプ① 「幼稚園の報告」	タイプ④ 「教育プロセスとしてのドキュメンテーション」
	高い	タイプ② 「はっきりとしたルール」	タイプ③ 「プロフェッショナリズム」

出所：Knauf（2015）p. 238 をもとに筆者訳出。

稚園の報告」，②「はっきりとしたルール」，③「プロフェッショナリズム」，④「教育プロセスとしてのドキュメンテーション」に分類しています（Knauf, 2015）。表3-2 は，これら 4つのスタイルを「園でドキュメンテーションが重要視されているかどうか」「ドキュメンテーションの様式がどれだけ標準化されているか」という 2つの軸のもとに配置したものです。各スタイルに該当する園の割合は，②「はっきりとしたルール」が 42%（17 園），③「プロフェッショナリズム」が 28%（11 園），①「幼稚園の報告」が 17%（7 園），④「教育プロセスとしてのドキュメンテーション」が 13%（4 園）となっています。

　クナウフは，ドキュメンテーションが重視されているかどうかによって，保育施設や保育者のドキュメンテーションの受け止め方に差異があることを明らかにしています（Knauf, 2015）。すなわち，ドキュメンテーションがあまり重視されていない場合（タイプ①，②）は，ドキュメンテーションは「義務」であり，子どもたちと過ごす時間を奪うような「煩わしいツール」とみなされる傾向があり，ドキュメンテーションが重視されている場合（タイプ③，④）は，ドキュメンテーションを保育実践に役立つ「便利なツール」と捉える傾向が示されています。このような受け止め方の違いには，ドキュメンテーションを重視するかどうかによって，ドキュメンテーションのためのリソース（時間や環境など）にも差が出ることも関連しているのではないかと考察されています。

　また，ドキュメンテーションの様式が高度に標準化されている場合（タイプ②，③），診断や評価のツールとして捉えられる傾向があることも明らかにされています。タイプ②では，明確な基準にもとづいて子どもの発達の状態を評価

し個別的な支援に繋げることが重視されているのに対し，タイプ③では子ども
の日常を記録するための手順が詳細に定められており，「これが私の得意なこと
だよ」「わかった！　学んだよ！」といった見出しの様式に評価的な視点が盛り
込まれていると分析されています。

　以上の調査結果から，一口に「ドキュメンテーション」といってもその捉え
方は多様であることがよくわかります。第3節で見てきた「リソース志向」に
該当するのは，タイプ④「教育プロセスとしてのドキュメンテーション」[11]だと
思われますが，調査対象園のうちこのタイプの園は最も少ないことが示されて
います。本当の意味で子どもたちの学びのプロセスを理解し，そこから保育実
践へと繋げていくことは，ドキュメンテーションを形式的に導入するだけでは
難しい実情が示されているといえるでしょう。

(2) 観察とドキュメンテーションをめぐる課題

　次に，ドイツの保育における観察とドキュメンテーションをめぐってどのよ
うな課題があるのかについて見ていきます。

①保育者のドキュメンテーション戦略にみる課題

　ここでは，Knauf（2020）の内容を整理して紹介します。クナウフは，保育者
がドキュメンテーションを行うにあたってどのような戦略を用いているのかに
ついて，ドイツとニュージーランドの保育者へのインタビュー調査を通して明
らかにしています[12]（Knauf, 2020）。インタビューは，両国合わせて40名を対象
に行われ[13]，保育者が「よく書けた」と感じているドキュメンテーションについ

---

*11 タイプ④では，ドキュメンテーションが診断や評価のために用いられることはほぼなく，子どもた
　　ちの学びを理解し，可視化するためのツールとして位置づけられており，全ての園でレッジョ・ア
　　プローチの影響が見られたとされている。
*12 この調査では，発達・診断志向のドキュメンテーションではなく，「リソース志向」「プロセス志
　　向」の教育ドキュメンテーションが対象とされている。クナウフは，比較対象としてニュージーラ
　　ンドを選定した理由について，ラーニング・ストーリーという方法が義務づけられた「レベルの高
　　い国」とドイツの比較が重要であると考えたためであると述べている。
*13 調査対象となった保育者は，いずれもドキュメンテーションを重視する園に勤務しているとされて
　　いる。

て説明してもらうとともに，ドキュメンテーションのために利用可能なリソースや困難，ドキュメンテーションの機能や役割についての質問がなされました。

　調査の結果，調査対象となったニュージーランドの保育者が最もよく使用する戦略が「保育者同士のディスカッション」と「ドキュメンテーションのためのソフトウェアやプラットフォームの使用」だったのに対して，ドイツの保育者は「ドキュメンテーションの時間を生み出すための戦略」に重点を置いていることが明らかにされています。両国の保育者は共通して，ドキュメンテーションのために，誰にも邪魔されず記録を書いたり，状況を振り返って分析したり，同僚と話し合ったりする時間といった「専門的な時間」「保育者の研究時間」の重要性を認識しています。しかし，ドイツの保育者にはそのような時間を確保することが難しく，保育者同士の話し合いは朝のおやつの時間などに保育しながら行っていると語っています。そのため，子どもがいない時間に話し合う時間が設けられているニュージーランドで保育者同士の話し合いが「支援」や「協力」と捉えられているのに対して，ドイツの保育者にとっては「情報交換」としての話し合いがメインになっていることが明らかにされています。その他にも，ドイツでは各保育者が観察とドキュメンテーションを担当する子どもを均等に割り振ったり，特定の期間（たとえば保護者との面談前の1か月間など）に集中して観察とドキュメンテーションを行ったりするなどの戦略がとられていることが示されました。

　以上の調査結果をふまえて，クナウフは次のような結論を導き出しています（Knauf, 2020）。ドイツの保育者もニュージーランドの保育者もドキュメンテーションのための時間が足りないと感じており，特にドキュメンテーションが「子どもと過ごす時間」を奪うものと捉えられた場合には，ドキュメンテーションは「終わりのないタスク」として保育者に負担を強いるものになってしまいます。ドイツの保育者にとっての最優先事項は「時間の確保」となっており，「子どもの利益」や「効果的で有益なドキュメンテーション」などの目的に重点を置くためには，保育者が利用可能なリソースを充実させることが必要だと考えられています。ドイツの保育者にとって必要なのは，専門的・包括的な知識や熟練した保育者としてのスキルだけでなく，それらを適切に使うための時間や機器，交流の機会など構造的な部分を改善していくことであると指摘されてい

ます。

②デジタルドキュメンテーションの現状と課題

　このように，ドイツでは保育者の専門性の向上だけでなく，ドキュメンテーションのためのリソースを充実させる必要性が認識されています。ここでは，そのような取り組みの一例として，ドイツの保育施設におけるデジタルドキュメンテーションの現状と課題に触れておきたいと思います。以下に示すのは，筆者が 2023 年 8 月に訪問したドイツの保育事業者「フレーベル（FRÖBEL e. V.）」で聞きとった内容です。

　「フレーベル」は，ドイツ全土で約 200 の保育施設を運営しています。州によってドキュメンテーションに関する規定が異なっていることや，保育者の専門性もさまざまであることから，独自のドキュメンテーションフォームを作成しています。2019 年頃からデジタルドキュメンテーションのアプリ「キタリーノ（Kitalino）[14]」を導入しており，保育者の負担軽減を図っているとのことでした。「キタリーノ」はタブレット端末等で使用できるアプリであり，写真・動画の撮影，音声の録音，文字による記録が簡単な操作でできるようになっており，子ども自身も自分の活動等を記録することができます。しかし，「キタリーノ」を導入・実施しているのは，現時点で 200 園のうち 12 園のみであり，普及のためにはまだまだ課題があるとのことでした。

　このことから，ドイツでもデジタルドキュメンテーションの開発や普及が図られていますが，「保育者の負担軽減」や「保育者への支援」には直結していない現状の一端がうかがえました。「キタリーノ」では，「何をどのように観察・記録すればよいのかわからない」という保育者を支援するために子どもの日常をまず気軽に記録することが推奨されていますが，ドキュメンテーションそのものやデジタル機器に対する抵抗感など，さまざまな保育者の思いを考慮した取り組みが必要とのことでした。

---

[14] ニュージーランドで開発されたデジタルドキュメンテーションのツール（Story Park）はドイツでも知られているが，英語で作成されていることや個人情報保護の観点からドイツでそのまま使用することが難しく，独自のツールが作成されたそうである。

5.「子どもの視点」を大切にした保育アセスメントの 生成に向けて

　ドイツでは，観察とドキュメンテーションの必要性が示される中で，「何をどのように観察しドキュメンテーションするのか」ということがさまざまなレベルで模索されていることがわかります。このような状況は，ドイツが連邦制であり，国よりも各州や地方自治体，保育事業者，保育施設にあらゆる権限が委ねられていることを反映しているといえますが，観察とドキュメンテーションをめぐる状況はかなり複雑になっています。また，ドイツの観察とドキュメンテーションは保育実践の中で「途上」にあることをうかがい知ることもできました。そのようなドイツだからこその視点や論点があり，その中には，保育アセスメントをめぐる議論に奥行きをもたらすものが含まれているのかもしれません。

　第 3 節で紹介した「リソース志向」の方法では，子どもの視点や思考という目には見えないプロセスを概念化することや，保育者自身が自分と向き合うための観察というコンセプトが示されていました。子どもの視点を読み解くための保育アセスメントのあり方を考察するにあたり，「リソース志向」のアプローチで考えられている，子どもの学びのプロセス，保育者と子どもの相互作用，保育者の専門性には学ぶところがあると筆者は考えています。しかし，第 4 節で見てきたドイツの保育者が置かれた状況を鑑みると，理論や方法と同時に，子どもの声や視点を大切にした保育アセスメントを実現するための条件を，より広い視野から検討する必要があると痛感しました。保育者の目に「義務」や「タスク」として映っている保育アセスメントが，保育実践の中に自然に息づくようになるには，どのような条件や環境，プロセスが必要なのでしょうか。必要なものは園や保育者によって多様であると思いますが，それらをていねいに探究していくことが，これからの保育アセスメントの議論の中でとりわけ重要になるのではないかと考えます。

　「子どもに見えているもの」にアプローチし，保育アセスメントに繋げていくためには，アセスメントの理論・視点はもちろんのこと，保育者が実践を積み

重ねていくことのできる条件や環境が不可欠です。ドイツの状況は，「子どもの視点」を読み解く保育アセスメントを生成していく試行錯誤のプロセスを示しており，それを鏡とすることで日本の保育アセスメントを振り返り，新たに生成することに繋がるのではないかと考えます。

──────────────── **参考・引用文献** ────────────────

Arbeitsgruppe Professionalisierung frühkindlicher Bildung. (hrsg.) (2005). *Beobachtung und Dokumentation in der Praxis: Arbeitshilfen zur professionellen Bildungsarbeit in Kindertageseinrichtungen nach der Bildungsvereinbarung NRW*. München, Kronach: Carl Link.

Daum, J. (2016). Beobachten, Dokumentieren und Fördern, In Neuß, N. (hrsg.) *Grundwissen Elementarpädagogik: Ein Lehr- und Arbeitsbuch. 3. Auflage*. Berlin: Cornelsen, S. 209-217.

Deutsches Jugendinstitut (DJI) (2007). *Abschlussbericht des Projekts "Bildungs- und Lerngeschichten als Instrument zur Konkretisierung und Umsetzung des Bildungsauftrags im Elementarbereich"*.

Gerstein, H. (2020). *Bildungs- und Lerndokumentationen und Datenschutz*. https://www. kindergartenpaedagogik.de/fachartikel/beobachtung-und-dokumentation/bildungs-und-lern dokumentationen-und-datenschutz/ (2023 年 5 月 10 日閲覧)

Honig, M.-S. (2010). Beobachtung (früh-) pädagogischer Felder, In Schäfer, G. E., & Staege, R. (hrsg.) *Frühkindliche Lernprozesse verstehen: Ethnographische und phänomenologische Beiträge zur Bildungsforschung*. Weinheim, München: Juventa, S. 91–101.

Jugendministerkonferenz/Kultusministerkonferenz (JMK/KMK) (2004). *Gemeinsamer Rahmen der Länder für die frühe Bildung in Kindertageseinrichtungen*. https://www.kmk.org/fileadmin/ veroeffentlichungen_beschluesse/2004/2004_06_03-Fruehe-Bildung-Kindertageseinrichtungen.pdf (2023 年 9 月 20 日閲覧)

Knauf, H. (2015). Styles of documentation in German early childhood education. *Early Years, 35*, 232-248.

Knauf, H. (2020). Documentation Strategies: Pedagogical Documentation from the Perspective of Early Childhood Teachers in New Zealand and Germany. *Early Childhood Education Journal, 48*, 11-19.

Knauf, T. (2005). *Beobachtung und Dokumentation: Stärken-statt Defizitorientierung*. https://www. Kindergartenpaedagogik.de/fachartikel/beobachtung-und-dokumentation/1319 (2023 年 5 月 16 日閲覧)

Laewen, H-J., & Andres, B. (hrsg.) (2002). *Forscher, Künstler, Konstrukteure: Werkstattbuch zum Bildungsauftrag von Kindertageseinrichtungen*. Berlin: Cornelsen Verlag.

中西さやか(2023). ドイツの幼児教育におけるビルドゥング——子どもにとっての学びを問い直す　春風社

中西さやか・二井仁美・川端美穂・玉瀬友美・木村彰子(2022). ドイツにおける「学びの物語(Learning Stories)」の受容に関する検討　佛教大学社会福祉学部論集, **18**, 143-154.

Schäfer, G. E. (hrsg.) (2005). *Bildung beginnt mit der Geburt: Ein offener Bildungsplan für Kindertageseinrichtungen in Nordrhein-Westfalen. 2. Auflage*. Berlin: Cornelsen Scriptor, S. 166.

Schäfer, G. E., & Alemzadeh, M. (2012). *Wahrnehmendes Beobachten: Beobachtung und Dokumentation am Beispiel der Lernwerkstatt Natur*. Weimar, Berlin: verlag das netz.

豊田和子(2017). ドイツ連邦共和国——統一後の保育・就学前教育改革の動向　泉　千勢(編)　なぜ世界の幼児教育・保育を学ぶのか——子どもの豊かな育ちを保障するために　ミネルヴァ書房, pp. 127-157.

Viernickel, S., Nentwig-Gesemann, I., Nicolai, K., Schwarz, S., & Zenker, L. (2013). *Schlüssel zu guter Bildung, Erziehung und Betreuung: Bildungsaufgaben, Zeitkontingente und strukturelle*

Rahmenbedingungen in Kindertageseinrichtungen. Berlin: Alice Salomon Hochschule.

Viernickel, S., & Völkel, P. (2017). *Beobacheten und Dokumentieren im pädagogischen Alltag, 9. Gesamtauflage.* Freiburg: Herder.

第 4 章

スウェーデン
乳幼児期から生涯にわたる
学びのありようを希求して

1. スウェーデンにおける保育政策の概要

　福祉国家として知られるスウェーデンにおいて，保育は社会発展の重要な礎として広く認識されています。歴史を遡れば，1930年代に人口減少という社会問題に直面したスウェーデン政府が，予防的社会政策というアプローチによって，国民へ「大きな育児室（storbarnkammare）」を公的に提供すべく保育改革に着手した経緯があります。それから100年弱。漸次的に改革を進めてきたスウェーデンでは，近年でも政府が年間にGDPの3.42%を家族関係領域（児童手当や保育サービスを含む）へ支出しており（内閣府, 2023），保育が国家の政治的議題において，いかに重要な位置を占めているかをうかがい知ることができるでしょう。学校庁の統計調査「就学前学校における子どもと職員　2022秋学期版」によれば，2022–2023年度の秋学期時点で1–5歳児の86%，4–5歳児に至っては96%弱が就園しており，子どもや家庭にとってもスウェーデン社会にとっても，保育は必要不可欠な国家事業であり，今なお国家政策において強化されつつある領域です（Skolverket, 2023）。スウェーデンはこれら保育への手厚い政策的配慮を背景とし，乳幼児期を生涯学習の第一段階へ位置づける包括的かつ普遍的な保育・教育制度を構築した国として国際的な評価を得てきました（大野, 2015）。

2. 福祉国家における乳幼児期への視座

(1) ペダゴジー

　スウェーデンの保育を語るうえで欠かせない概念として真っ先に挙げられるものといえば,「ペダゴジー (pedagogik)」でしょう。スウェーデンの保育理論と実践の双方に関係する包括的な教育概念であり,子ども,青年,大人などさまざまな年代や設定を射程に入れているものの,とりわけ子どもを対象とする文脈に適用されます。ペダゴジーは子どもを全体的(身体,心,感情,創造性,歴史,社会的アイデンティティ)に捉えたうえで,子どもへのアプローチにおいて,学び(lärlande)とケア(omsorg)と養育(fostran)を全く切り離せないものとして一体的に理解していく特徴があります(Cohen et al., 2004)。

　コーエンらは,1998年にスウェーデン初の就学前学校教育要領[*1](Läroplan för förskolan; Lpfö 98)が策定された際,その内容へペダゴジーが反映されたことに触れながら,スウェーデンでは保育現場における実践のみならず,国の政策においてもペダゴジーが尊重されていると述べています(Cohen et al., 2004)。

(2) 遊び－学び理論

　プラムリンいわく,ペダゴジーを基盤とする保育実践では,子どもは周囲の世界と分離されず,互いに密接に関係して存在すると捉えられます(Pramling Samuelsson, 2006)。子どもが周囲の世界における多様性を受け入れると,周囲の世界もまた子どもの一部になるとみなされます。そして,個々の子どもの世界に対する理解の仕方は,そのままその子の人格を形成する一部になります。したがって,知識は各々の子どもがさまざまな方法で周囲の世界を経験して意味づけた非常に個人的なものであり,子どもが周囲の世界と対話をする際の内的

---

*1　就学前学校(förskola):主に1-5歳児が通う就学前の保育・教育一元化施設を指す。3歳児以上の保育は,年間525時間が無償である。

な発動が，外側の世界においては遊びや創作物となって現れると解釈されるのです。

　プラムリンはまた，乳幼児期の遊びと学びを同じコインの表と裏のようなものであると述べます（Pramling Samuelsson, 2006）。なぜならば，子どもが遊びを通じて経験していることは，それまでに培った経験と密接に結びついて子どもたちの学びや発達に影響を与えるからです。子どもの行動や考え方，コミュニケーションの方法は，それまでに蓄積された子どもの経験とともに，現在その子を取り巻く環境と，その環境に呼応する子どもとの相互作用によって常に発展します。このような視点に立つと，乳幼児期の遊びは子どもの学びの過程そのものであり，発達の中心に位置づくと考えられるのです。

　このような遊び–学び観は，ナショナルカリキュラムにも反映されています。現行の就学前学校教育要領（Lpfö 18）において，遊び（lek）は子どもの発達（utveckling），学び（lärlande），ウェルビーイング（välbefinnande）を育む重要性があるため，保育実践において中心的な役割を果たすと説かれています（Skolverket, 2018）。つまり，乳幼児期の自由で自発的な遊びを通した学びは子どもたちの日常生活の中に織り込まれており，子どもたちは自身の可能性を言葉で表すにとどまらず，遊びによって物理的に示すことができると理解されるのです。したがって，子どもたちは生活や遊びの中で常に彼らの能力を示す機会をもっていると捉えながら，保育を編成することが重要となってきます（Wallerstedt & Pramling, 2012）。

(3) 子どもの参加と影響力

　さらに，スウェーデンの保育を際立たせる概念として，子どもを有能な人間とみなす子ども観が挙げられるでしょう。就学前学校は子どもたちの生涯にわたる学びの基礎を担う場であるという意味で，生涯学習制度の第一段階に位置づきます。就学前学校の活動では，民主主義と生涯学習の基礎を育むことが第一義とされ，子どもは就学前学校の活動に参加し影響を与える（Barns delaktighet och inflytande）権利をもっているとみなされてきました（川崎ら, 2018; Skolverket, 2018）。とりわけ 2015 年以降のスウェーデンでは，外国にルーツのある子ども

の保育における質の不平等が大きな課題となり（Garvis, 2021），保育における子どもの参加と影響力が社会的にも非常に重要な意味を帯びています。

　このような趨勢を受け，保育分野に新しいうねりが生起してきました。乳幼児期は，生物学的条件ではなく歴史的に構築されるものであると考えられるようになり，子どもは家族の一員という立場ではなく独立した一個人であるとみなす考えが強まったのです。その理由は一つに，スウェーデンが 1990 年以降，あらゆる子どもに等しく与えられる価値や権利，参加の重要性を強調する国連の「子どもの権利条約（UNCRC: United Nations Convention on The Rights of The Child）」を批准していることがあります。もう一つは，以前は均質的に捉えられていた社会構造がますます多面的様相を呈しており，子どもの社会化と発達の条件，とりわけジェンダーや経済格差，エスニシティによって異なる実態へ対応していくことが保育現場において必須となった点が深く関係しています（Pramling et al., 2019）。2018 年に改訂された就学前学校教育要領（Lpfö 18）では，就学前学校は，子どもたちが平等に耳を傾け声を聴きとってもらえ，民主的なプロセスに参加する権利をもつことを体現する責務を担うと言明されました。また，それを具現化するためにも，就学前学校では活動が子どもの育ちや学びにどの程度貢献しているのかを評価する必要があり，子ども自身がさまざまな形で表現するニーズや関心を保育計画の中心に置き，「子どもの視点」から出発するカリキュラムを編成し，評価においては子どもが参加しなければならない点が強調されています（Skolverket, 2018）。さらに，国会では，2020 年 1 月 1 日から「子どもの権利条約」を国内法に取り込む決議に至り，「子どもの権利条約」と学校法との整合性も図られました[*2]（Olsson et al., 2020）。

　それでもなお，子どもの参加と影響力が保育の文脈で広く認知され実践されるための課題は残されています。メイソンとボルザンによれば，子どもの参加には「活動に参加する」意味を示す個人参加と，「意思決定へ関与する」ことを表す集団的参加の 2 種類があるといわれます（Mason & Bolzan, 2010）。前者によれば，参加における個人的な意味合いを重視するため，大人によって計画・編成された活動に子どもが加わることも参加の範疇に入ります。ただし，後者

---

*2　就学前学校の活動は，学校法に準拠している。

では，子どもの参加は大人同様に権力と意思決定への責任を共有することまでを意味し，大人と子どもの関係性が問われます。このように，子どもの参加と影響力は，研究においても実践においても，どのように理解され実現されるべきかについて曖昧さが残されており，多様な見解に縛られているのです（Ärlemalm-Hagsér, 2014）。議論が途上にある中，子どもの参加と影響力を保育実践へもたらすために，どのような方法が検討されてきたのでしょうか。次節では，保育評価にかかわる議論の歴史的推移から考えてみたいと思います。

3. 保育評価をめぐる論点

(1) 生涯学習制度における保育評価へのニーズ

　スウェーデンの保育現場では，長年にわたり，さまざまなねらいのもとに，子どもを観察し記録し続けてきました。

　20世紀初頭，子どもへ向けられる観察の視点は主に医学的見地によるものであり，子どもの記録は健康状態や病気を把握するために行われていました。一転，1930年代に入り，エルサ・ケーラー（Elsa Köhler）が発達心理学の理論にもとづく子どもの観察視点を保育現場にもたらしました。心理尺度によって子どもの発達を測定することで，保育者が子どもの発達状態を理解し，保育実践を教育的に発展させることをねらったのです。ところが，彼女の意図に反し，保育者が心理尺度によって子どもを分類し，子どもの評価を固定するような実態が保育現場に広がりました。この結果，保育における子ども理解のあり方が問われはじめ（Lenz-Taguchi, 2000），現在まで続く保育評価の議論へ大きな影響を及ぼしています。

　1970年代になると，社会心理学や人格心理学的な解釈による観察手法が発展し，観察の焦点を子ども個人ではなく，子ども同士の相互作用やコミュニケーションに当てるような変化が起こりました。続く1980年代にはレッジョ・エミリア教育の哲学と実践が保育現場に浸透しはじめ，子ども一人ひとりのバインダーを用意して，「マイブック」や「私についての本」と呼ばれるポートフォリオを作成するドキュメンテーションの手法が主流になっていきました。やが

て1990年代に入ると，地方分権化の影響により保育への裁量権が拡大した自治体や就学前学校が多様な形式の観察や記録を採用し，それらが保育評価の基礎として定着していきました。子ども，保護者，保育者が関与するさまざまな記録手法を内包したモザイク・アプローチが普及して，インタビュー，観察，日記，ラーニング・ストーリー，ウォーキング・トーク，子どもの絵画や写真などが，ドキュメンテーションとして実践されはじめたのはこの時期です（Clark & Moss, 2001; Lenz-Taguchi, 2000）。

　他方，1996年の教育改革により，就学前学校が生涯学習制度の基礎段階に位置づき，就学前学校を取り巻く社会的環境が一変しました。この改革を受け，乳幼児期における学びが社会的争点となりはじめたのです。学校庁は「就学前学校の質のための一般的助言」（2005）において，教育政策で子どもの学びが一段と重視されるようになる中，就学前学校の活動に対しても「プロセスの明確化」と「文書化」が強く求められるようになった政策動向を明示しています。これは教育の「公正性」や「公平性」を求める動きが，就学前の保育・教育にも及んだことによるものでした（Skolverket, 2005）。続く1998年における就学前教育要領（Lpfö 98）の策定では，生涯学習制度における3つのナショナルカリキュラム（就学前学校・基礎学校・高等学校）[*3]の構造と内容の一部を統一化することで，1–18歳[*4]の教育ヴィジョンに一貫性をもたせることがねらわれました。ただし，幼児児童生徒の年齢的な発達段階の違いを考慮し，発達や学習目標の構造は統一化されませんでした。そのため，基礎学校・高等学校の学習指導要領では，目標は達成すべきものと定められ，教師に子どもの学習成果を評価する責任が伴う一方で，就学前学校教育要領（Lpfö 98）で示される目標はあくまでも努力目標であり，個々の子どもの発達や学習の成果を公的に評価する責務は示されなかったのです。このようなカリキュラム設計により，就学前学校教育要領（Lpfö 98）における保育の目標は，学校教育よりも一人ひとりの子どもの発達に合わせた緩やかさを保持しており，それによって乳幼児期の教育たる独

---

*3　基礎学校（grundskola）：義務教育課程（7–15歳）を担う学校種であり，日本でいうところの小中一貫の形態をとっている。6歳児については*7を参照。
*4　0歳児については，育児休暇制度等の整備により家庭で育っており，就学前学校への就園はほとんど見られないため，教育制度の俎上には上がらないものとされる。

自性を担保していたのでした（Engdahl, 2004）。

　しかし，2000年代に差しかかると，就学前学校の運営責任を担う地方自治体や就学前学校の多くが，基礎学校に導入されている教育評価や発達計画を就学前学校にも適用しているという調査結果が示されました（Engdahl, 2004）。背景には，就学前学校を将来的に学校教育法へ統合して学校種の一つとする改革案が，国会で検討されはじめたことがあります（Utbildningsdepartementet 1999 års skollagskommitté, 2002）。当時は，1990年代初頭の経済危機によって，財源が大幅に圧縮されたことで低下した保育の質がなかなか回復せず，就学前学校活動の質と等価性が大きな社会問題として世間を騒がせていました。これら社会情勢を受け，就学前学校には教育要領に示される目的を果たし，その成果が全ての子どもに行き届くような保育・教育を行うことが社会的に要求されつつあったのです（Korpi, 2006）。

　これら時勢を受け，基礎学校以降の学校課程に義務化されたIUP（individuell utvecklingsplan：個別の発達計画）の作成が就学前学校へも導入されはじめ，その数は全地方自治体の半数にのぼるという実態が報告されました（Skolverket, 2008）。就学前学校におけるIUP作成をめぐっては，保育現場で子どもたち個々の発達状態を重視する傾向が強まり，学校教育における子どもの学習評価の指標や手法を就学前学校へ援用する状況が散見されるようになりました。顕著だったのは，言語能力や読解力の発達に対する評価です。たとえば，ある自治体では，TRAS（Tidig Registrering Av Språkutveckling）と呼ばれる言語発達テストを，全ての就園児に対して実施するよう義務づけました。報告書には，当時の保育者による戸惑いの声が記録されています（Skolverket, 2008）。

　　この自治体ではTRASを活用することが義務づけられています。私たちの園は活用に対して特に積極的ではありませんが，義務なのでテストをしています。私たちは，このテスト結果によって子どもたちの評価を決めつけないよう，本気で考えなければならないと話し合っています。チェックリストを使って子どもたちができることに印をつけていくことは，裏を返せば私たちが子どもたちのできないことへ目を向けることになります。私には，それが楽しい働き方であるとも保育

への発展性があるとも思えないのです。　　　（Skolverket, 2008, p. 80）

　さらに，IUP作成をめぐり，就学前学校の活動において，特定能力の発達に主眼を置いた保育を計画している実態も報告されました。たとえば「自分の運動能力や調整能力，身体についての理解を促す」という教育要領の目標（Skolverket, 1998）に対し，「全ての5歳児が指示に従って走ったり止まったり，要求に合わせて素早く動作を変えることができ，基本的な身体部位18か所を知る」ことをねらうなど，目標達成的な保育計画が散見されるようになったのです（Engdahl, 2004）。

　このように，改革後の就学前学校で学校教育の活動と類似した教育構造や評価志向が採用される傾向が国内外の研究者によって指摘され，「保育の学校化（schoolification）」ではないかとの懸念が広がりはじめました（Cohen et al., 2004; Engdahl, 2004; Johansson & Moss, 2010; Kaga et al., 2010）。この時期，保育・幼児教育関係者の間では，就学前学校の活動に公教育としての公平性を貫きつつも，基礎学校のような到達目標に紐づく評価方法ではなく，乳幼児期における子どものありのままの姿を評価する方法はないものかという議論がされはじめ，実践現場では生涯学習の基礎たる就学前学校活動のあり方が模索されるようになっていきました。その試みの一つに，教育的ドキュメンテーション（pedagogisk documentation）の実践研究があったのです（Dahlberg et al., 2013）。

(2) 教育的ドキュメンテーションの開発

　改革渦中の1988年，当時のストックホルム教育大学（現：ストックホルム大学）を拠点とした「ストックホルム・プロジェクト」と呼ばれる保育実践研究がはじまり，教育的ドキュメンテーション（pedagogisk documentation）という，スウェーデン独自の教育実践であり活動の評価ともなる，保育実践評価手法が開発されはじめました。教育的ドキュメンテーションは，レッジョ・エミリア教育の哲学に依拠したドキュメンテーションへのアプローチであり，子ども，保育者，保護者がともに子どもの学びについて学び，それらを可視化していくツールです（Lentz-Taguchi, 2013）。開発においては，子どもが周囲との相互作用の

中で，主体的にものごとを探究して知識やスキルを身につけていきながら変容していく過程を学びと捉える，現象学の意味生成論的アプローチが重視されました。そして，「文化と知識の創造者」である子どもが学んでいく過程を，子どもの声を聴きながら明らかにすることが目指されました（Dahlberg et al., 2013; Lentz-Taguchi, 2013）。

　「子どもの学びを可視化する」うえで，保育者に最も必要な能力として求められたのが，観察力です。保育の中で観察力が重要視されること自体は，これまでのドキュメンテーション評価と何ら変わりはないでしょう。ところが，教育的ドキュメンテーションで保育者に求められる観察は2つの点で今までと大きく異なっていました。1つ目は子どもの「学び」を観察するという点です。具体的な方法としては，ノートや録音，写真やビデオ等の録画，子どもの作品などさまざまな方法で記録がとられ，それらをもとに子どもの成長が目に見えるよう具体的な資料がつくられます。この方法自体は，従来のドキュメンテーションで行われていた保育評価と大きく変わりありません。ただし，これまでは「成長の記録」として捉えてきた子どもの姿を「学びの記録」として再編する発想の転換が求められたのです。つまり，子どもが何あるいは誰とかかわり，どのような関係性が生成され，そこから子どもは何を創造したのか。それを自分の内的などの部分と結びつけ，どのような「声」で表現し，いかに周囲の世界へフィードバックさせるのか。この一連の状況を，保育者の観察とその記録によって明らかにしていくことへ重点が置かれたのです（Dahlberg et al., 2013; 大野, 2014）。

　2つ目は，これら子どもの学びにかかわる「大人の観察プロセス」を観察（省察）するという点です。意味生成論において，保育者は子どもに知識を授けるのではなく，自ら学んでいこうとする子どもにいかにかかわるかが重視されます。そのため保育者には，子どもの現状をどのように理解し，子どもの何を引き出そうとするために，いかように働きかけ，それが子どもの学びにどのよう

---

*5　20世紀初頭，フッサールによって提唱され，ハイデガー，メルロ＝ポンティらへ受け継がれていった現代哲学の一潮流。目の前に現れる出来事（現象）が，どのような構造によって生起しているのかを，人々の「生きられた体験」を通して解明することを目的とする。

な影響を及ぼしたのか否かを明示することが求められるのです。上述のように，教育的ドキュメンテーションの実践では子どもの学びにかかわる観察記録を文書化していきますが，その中では，観察者の視点にもとづく記述，解釈，説明，新たな問いも視覚化されます。これにより，子どもの学びのみならず，保育者自身の学びのプロセスを可視化することもねらわれているのです（Dahlberg et al., 2013; 大野, 2014）。

　これら子どもと保育者双方による 2 つの学びのプロセスと，その道筋における両者の関係性が明らかにされるという特徴により，教育的ドキュメンテーションは子どもの学びを評価するとともに，保育者が子どもの学びにどのように貢献しているのかを明らかにする保育評価手法として成立しました。

　加えて，教育的ドキュメンテーションは，携わる人間同士が対話しながら作成することを前提としている点により，一般的なドキュメンテーションとは一線を画すといわれます。一般的なドキュメンテーションは，保育者が子どもたちを観察，記録，撮影しながら作成します。しかし，レンツ・タグチによれば，教育的ドキュメンテーションはそれにとどまらず，他の保育者や子どもたちと一緒に，彼ら彼女らが見たこと聴いたことを省察し議論し対話して，はじめて教育的ドキュメンテーションと呼べるものになるというのです（Lenz-Taguchi, 2013）。それゆえ，教育的ドキュメンテーションはコミュニケーションを含むアプローチであり，リスニング・ペダゴジー（The Pedagogy of Listening）にもとづいて保育者が多彩な方法で子どもと対話することを目指すものでもあるとされます（Elfström, 2017）。

　さらにいえば，教育的ドキュメンテーションは，他のドキュメンテーション同様に，何が起こったかを可視化する遡及的なものでありながらも，将来に向かって，現在起こっている保育実践を変化・発展させることを重んじています（Lenz-Taguchi, 2012; 2013）。したがって，教育的ドキュメンテーションの意義は，過去の出来事や子どもの状態を評価することではなく，保育の場で今起きていることを可視化し，その先に続く新たな実践の可能性を創出することにあるのです（Elfström, 2017）。このため，教育的ドキュメンテーションのプロセスで行われる子どもの観察は，保育者が保育の改善のために行うものであっても，子どもがある特定の基準を満たした状態にあるかどうかを測定するために行うも

のではないとされます（Dahlberg et al., 2013）。これをしてレンツ・タグチは，教育的ドキュメンテーションが子どもに民主的な声を与える解放性を有していると述べます（Lenz-Taguchi, 2000）。このように，教育的ドキュメンテーションは，子ども，保育者，保護者，その他の人々が参加できる共通の省察プロセスを有しており，その重要な機能は，多様な立場からの議論を通じて保育者の内省基盤を形成することにあると考えられています（Vallberg-Roth, 2012）。

　かくして，2010 年施行の新学校法案が教育省から国会に提案された際，保育の評価手法として既存のポートフォリオとともに活用を推奨されたのが，教育的ドキュメンテーションでした。提案書には，その理由が「子どもは自分自身以外の誰かと比較されるべきではない」（p. 353）ため，段階的で標準化された知識評価や個人評価に依拠しない保育評価を希求するからであると言明されています（Utbildningsdepartementet, 2009）。

(3)　教育的ドキュメンテーション導入に伴う課題

　他方では，教育的ドキュメンテーションの誤用をめぐる懸念もあります。コランデルらは，教育的ドキュメンテーションが，子どもの遊びの中でドキュメンテーションとして切り取る価値がある場面か否かという，保育者の価値判断と選択を通して記述される点に触れます。そのうえで，保育者が目の前で何が起こっているのかを理解するために用いる解釈と同様に，園内における無言の慣習や子どもの分類がドキュメンテーションに反映されるリスクに言及しています（Colliander et al., 2010）。また，エルフストロームは，教育的ドキュメンテーションが子どもたちの参加を可能にし影響力を高める手段であるにもかかわらず，実際には，ドキュメンテーションの作成プロセスに必ずしも子どもがかかわっているとは限らない保育現場の実態を明らかにしました。ここから彼は，教育的ドキュメンテーションの形式や手法よりも，保育者の「評価」という言葉への意味理解が，子どもたちの参加が名ばかりになることを防ぐ重要性をもたらすと述べています（Elfström, 2017）。これら批判的見解を加味しつつ，保育の場においては，学びの主体である子どもの存在を尊重するために，民主的な意味合いを多分に包含する教育的ドキュメンテーションの活用が重んじら

れています。

　さて，筆者は，保育評価の義務化が施行された直後の 2011 年秋に，現地の就学前学校を訪問しました。その際，保育評価の義務化や教育的ドキュメンテーションの活用について保育者に尋ねると，このような声が返ってきました。

　　　教育的ドキュメンテーションの作成は，私たちが毎日の保育実践の中で，自分が子どものために何をしているかということを確認できる，とてもよい方法だと思います。ただし，これまで（養成教育や研修など　で）親しんでこなかった人にとっては，使いこなすのが難しいかもしれないですね……。

　実は，この園が存する自治体は，同年の学校査察調査において，保育の質が全国平均を下回ると評価されていました（Skolinspectionen, 2011）。これを受けた自治体では，改善対策の一つとして，自治体内の全就学前学校へ「ツールボックス（Verktygslåda）」を配布しました。これは，新たに導入された教育的ドキュメンテーションを実施するうえでの難点をサポートするために，自治体内の就学前学校が共同で開発したものです。

　「ツールボックス」には，ドキュメンテーションのテキスト，ドキュメンテーションの作成手引き，観察記録シート，活動評価シート，省察シート，グループ討議シート，子どもへの言葉がけ集など 31 のデータが含まれています。たとえば，観察記録シートでは，①子どもの会話や様子，②遊びの環境と教材，③環境・教材の有用性や魅力，④保育の振り返りという 4 項目に沿って観察内容を整理して書き込むことで，自ずと保育を教育的ドキュメンテーションの背景となる理論的視点から分析し記述することができるよう構成されています。保育者は，各自にこの「ツールボックス」を所持し，適宜にコンテンツを活用しながら観察記録の整理や観察内容の分析を行っていきます。保育者同士が各自のドキュメンテーションを持ち寄って情報を共有しながら話し合う際には，グループ討議シートを活用します。グループ討議シートには討議の観点が示されており，それに沿って話し合いを進めながら，討議の内容をシートの枠組みに整理していくと，教育要領にもとづいて取り組むべきテーマに沿ってまとめることができる仕組みになっています。そのうえで，個々の観察と分析をもとに

チームで月に 1 ～ 2 つの教育的ドキュメンテーションを作成し，学期毎に園全体で集約します。その後，年度内に全てのドキュメンテーションを確認して就学前学校の活動評価としてまとめるとともに，就学前学校のさまざまな環境の見直しにも援用できるようになっていました。

　つまり，保育者が「ツールボックス」のコンテンツを活用しながら文書を作成していくことで，子どもへ向ける自らのまなざしを意識し，子どもの様子と自身の行為（保育実践）の繋がりを探り，次の保育への課題を見出すという活動評価の行程をたどることができるよう体系化されているのです。

　使用してみた感想を保育者へ尋ねた際には，「分析や省察の観点が具体的に示されていてわかりやすい」「ドキュメンテーションの作成に（物理的にも心理的にも）取り組みやすい」との評判が聞かれました。このように，この自治体では教育的ドキュメンテーションの導入にあたり，「ツールボックス」を配布することで，新しい評価手法をその理論も含めて，誰もが確実に実践できる環境を形成し，改革で求められた就学前学校の質を保証しようとしたのです。ともすれば，保育の画一化・形式化へ陥りかねない懸念もある一方で，現場の苦悩や模索，そして，創意工夫や新たな挑戦への足跡を感じるエピソードではないでしょうか。

(4) 教育的ドキュメンテーションを取り巻く多様な議論

①リゾマティックな学びへの志向

　子どもの参加や影響に対する民主的な手法としての教育的ドキュメンテーションに議論の焦点が当たる一方で，近年の保育実践においては子どもの学びや知識への関心が高まっています（von Greiff et al., 2012）。

　学校庁が刊行した保育評価のガイドラインには，学習はもはや個人的で孤立した活動ではなく，周囲の環境及び他者と相互に関連づけられるものであると記されています。そして，教育的ドキュメンテーションを通じて見出そうとされる子どもの学びは，リゾーム（rhizomer：根茎）という概念を基盤にしています（Skolverket, 2012）。ここに示されるリゾームとは生物学から借用した概念であり，植物根システムを指します。このシステムは木の枝が幹の特定地点で一

定方向へ順繰りに枝分かれしていくようなものではなく，植物根のように成長にしたがってさまざまな方向へ広がっていくことを想定しています。したがって，リゾマティックな思考によれば，学習がリゾームのように予測不可能な経路をたどり，決して直線的・段階的ではないことを説明することができるというのです。言い換えれば，学習はあらかじめ地図に載っているルートをたどるものではなく，予測不可能な道を少しずつ行ったり来たりするものとして捉えることが前提となっているのです（Skolverket, 2012）。スウェーデンの保育実践でナラティブな評価手法である[*6]ドキュメンテーションが多用される理由の一つは，学びに対して数値や尺度では捉えにくいリゾマティックな様態を前提として評価することを想定しているからかもしれません。

　同時に，このような学習概念を包含する教育的ドキュメンテーションは，カリキュラムという形で目指すべき目標をあらかじめ定めた方向性をもつ線形システムと，リゾームのような非線形の観念が両立しうるのかという問いを投げかけています。さらには，カリキュラムにおける目標とは，果たしていかなるものかという点についても再考を促すことになるでしょう。カリキュラムの中心に子どもを据えた場合，学校庁のガイドラインに規定された目標とリゾームといった非線形的観念をどのように両立させるのか，あるいはこれら両者の間に存在する多様な方向性に目を向けていくのか，いまだ大きな課題として残されているのです（Skolvrket, 2012; Vallberg-Roth, 2012）。これら課題を背景に，教育的ドキュメンテーションの理論と実践以外にも，子どもの学びを評価するための重要な議論が交わされています。

②ポートフォリオによる評価の包括性と隠れたカリキュラムへの懸念

　ドキュメンテーションの一種であるポートフォリオは，1980 年代におけるレッジョ・エミリア教育の伝播とともにスウェーデン全土へ広がった保育評価手法の一つです。もし，あなたがスウェーデンの就学前学校を訪ねたならば，保育室内の棚に子ども一人ひとりのポートフォリオ・ファイルが必ず並んでおり，

*6　人々の経験や周囲の世界への理解を，「語り」や「物語」として再現する方法。1 つのテーマを中心とする「時間のながれ」と「起こった出来事」を時系列に編成される。

子どもがしばし自分のファイルを床に置いてめくっている風景に出会うことでしょう。ただし，ポートフォリオは保育者間や家庭・連携機関との情報共有に活用される側面が強く，保育者の省察においても子どもがいかに「成長」したかという点に光が当てられがちでした。したがって，保育者がポートフォリオにおさめるドキュメントを作成しながらも，子どもの成長を「学び」という側面から省察する思考の体系を創り出そうとして開発されたのが，先述の教育的ドキュメンテーションです（大野, 2014）。

ところが，リンドストロームは，ポートフォリオが子ども個人の努力や進捗を学び以外の複数領域で示すことができる点を捉え，乳幼児期の包括的な学びを評価するためにはポートフォリオが有用であると説きます（Lindström, 2011）。ポートフォリオを活用した学びの評価では，子どもの成長の節目がファイルに履歴として保管されていくことをふまえ，子どもたちが自分の成長を実感できるように働きかけることへ焦点が当てられます。これにより，個々の子どもが育んできた自らの学びや育ちへポジティブな感情を抱き，そのプロセスにおける努力を自分で認めることを促します。これら自己評価を基盤として育まれた自己調整能力により，子どもたちは自己効力感を高めていくことができるというのです（Kampmann, 2005）。

他方で，ポートフォリオは保育者の視点によって集められた子どもの記録群でもあります。ゆえに，ポートフォリオは，明文化されていない保育者や園の子ども観や発達観，保育観が反映されており，子どもの学びや発達にかかわる大人の知識や意識などがインフォーマルな形で子どもへ伝わっていく状況を形成して，隠れたカリキュラムの一部になりうるという懸念も示されています（Gustafsson, 2004）。したがって，ポートフォリオを作成する際には，子どもの声に耳を傾け，その声を体現する媒体や作品を集積していくことに努めようとする保育者の構えが大切になるでしょう。

③実践における子どもの視点への言及

プラムリンによれば，ドキュメンテーションの実践には，3つのアプローチがあるとされています（Pramling Samuelsson, 2015）。

1つ目は，形式的行動アプローチです。保育者によって活動における遊びと

学びが明確に分離されます。このアプローチでは，活動を通じて子どもの想像性や創造性は見られにくいものの，子どもが獲得すべき知識への正しい道のりが明確に示されます。

　2つ目は，物語的アプローチです。子どもと大人が活動をともにしながら語り合うことで，子どもが事実と想像力の間で思考を切り替えながら活動を展開することができます。これにより，子どもも大人も活動から生み出される知識の創造に貢献することができます。

　3つ目は，探索的アプローチです。子どもと大人の両方が活発に交流するこのアプローチは，子どもが事実と想像力を往還させながらコミュニケーションを構成していきます。そのため，保育者が活動の方向性を定める責任を担っているにもかかわらず，活動における子どもたちの視点と意味づけが明確になります。

　プラムリンらは，これらアプローチの多様性をふまえそれぞれに有用性があることを説いたうえで，そもそも保育の文脈において子ども目線 (barnperspektiv) と子どもの視点 (barns perspektiv) が混同されている問題に言及し，その違いを明確にすべきであると述べます (Pramling Samuelsson & Pramling Samuelsson, 2010)。子ども目線は，既に保育の活動で広く親しまれている用語であり，大人が子どものニーズや発達，経験についての知識をもっており，子どもにとって最適だと考えた環境を整備するという考えにもとづきます (UNICEF, 1989)。この立場に依拠する保育評価は，特定の年齢の子どもに対し，子ども自身が対応できる課題と大人の手を借りたほうがよいものを精査する際には有用です。

　他方で，子どもの視点というのは，大人と同じように子どもが活動や周囲の環境へ能動的にかかわり，子ども自身の願いやアイデア，視点，見解を実際の保育の活動や環境デザインへ反映させていくことを指します。そのため，子どもたちが捉える周囲の世界への理解とその体験を，保育者が理解して子どもたちの意味づけを支えていくために，子どもの声に耳を傾ける必要があります (Pramling Samuelsson & Pramling Samuelsson, 2010)。保育者が子どもの視点に立って保育を考えようとすれば，子どもの意味の創造が子どもの視点で見守られ，子どもが知覚していることを大人が理解しようとする姿勢が生まれます。ただし，子どもの視点を実践へ取り入れるためには，子どもたちとの対話を通じ

て，子どもたちの声を聞いて解釈しようとする経験や努力が肝要です。したがって，保育者が子どもの視点に立つためには，多くのトレーニングや子どもとのコミュニケーションを要するのも事実です（Pramling Samuelsson & Carlsson, 2008）。

　それでも，プラムリンらは，大人が子どもたちの声に耳を傾け，観察し，対話することに努めながら，子どもたちの視点から活動を立ち上げることの重要性を説きます（Pramling Samuelsson & Pramling Samuelsson, 2010）。議論においては，保育者がドキュメンテーションへ「時間の影響」を反映させる意義が強調されています。つまり，活動の中で時間の経過とともに変容していく子どもの知識を分析していくことが，子どもの学びをより深く理解することに繋がるというのです。子どもの視点に立って，子ども自身がどのように考え知覚するかを大人が本当に理解するためには，大人が子どもたちを観察して記録するだけでは不十分です。言い換えれば，大人が子どもとの相互作用を確かに機能させたとき，ようやく子どもは自分の声に耳を傾けられていると実感できるのだということでしょう。

　このように多様な保育評価の議論が錯綜する保育現場においては，実際のところ，包括的評価と形成的評価を併存させ，複数のドキュメンテーションや評価ツールを目的に応じて切り替えながら実践しているようです（Vallberg-Roth, 2012）。

4. 実践における保育者のまなざし

(1) 保育における新たなステージの幕開け

　乳幼児期における学びが注目を浴びる中，教育政策においては，生涯学習制度全体の質の向上に向けて，初段階である乳幼児期の活動へより教育的意義をもたらす改革が推進されています（Skolverket, 2010）。2018 年の秋からは，これまで非義務であった就学前クラスへの在籍が義務化され（Utbildningsdepartementet, 2017），義務教育開始年齢が 1 年引き下げられました。続く 2019 年の秋からは，就学前学校教育要領の改訂版が全面実施されています。教育要領の略称も従来の Lpfö 98 から Lpfö 18 へと改まり，スウェーデンの就学前教育が新たなステー

ジへ踏み出したことを印象づけています。内容においては，デジタルコンピテ
ンシーや少数民族への教育，手話教育など，持続可能な教育や多様性へ向けた
教育学的観点からの事項が追加され（Skolverket, 2018），保育における教育的側
面の強化へ向かう改革の歩みが加速しているようです。

　保育の社会的な位置づけが新たな転換期を迎え，保育，教育，就学，義務教
育，遊び，学びなどの捉え方に再考が迫られる日々，保育者たちは，いったい，
子どもたちの何を見つめながら実践の評価に努めているのでしょうか。次のよ
うな事例を紹介しましょう。

(2) 子どもの「今」から生涯を見据える評価の視点

① 2歳児グループの小麦粉遊び

エピソード

　（2歳児4名・保育者2名　2023年8月31日の筆者観察記録より）
　子どもたち（a, b, c, d）と保育者（E）が丸いテーブルを囲んで座る。保育者
（F）は少し離れて，遊びの様子を観察している。
　テーブルの中央には大きな丸いボウルが一つ置かれている。保育者（E）は何
やら袋からボウルへ中身を開けながら，子どもたちに伝える。
E「さあ，これは何かな？」
a「すな？」
E「おうちで見たことな～い？」
d「さわってもいい？」
E「いいよ」
b「こなだ」
c「さらさら」

---

*7　就学前クラス（förskoleklass）：6歳児が通う，就学前教育から初等教育への1年間の移行期を担う
　教育形態として，1998年に公的設置された。主に，基礎学校内の建物に設置されており，通称「0
　学年」と呼ばれる。就学前クラス用の教育要領に準じつつ，基礎学校教員もしくは就学前学校教員
　の有資格者が子どもたちの教育を担当する。

E「そうね，小麦粉ね。これからみんなでこれをこっちのボウルへすくっていこうと思うんだけど，やってみない？」

子どもたち「やる！　やる！」

　保育者はそれぞれの子どもの前に中くらいのボウルを置き，もう一つ小さなボウルを手にする。

E「これから順番にこの小さなボウルをまわしていくね。大きなボウルから中くらいのボウルに，小麦粉をすくって入れられるかな？」

子どもたち「できるよ，ぼくからやる！」

E「わかった，じゃあ，aくんからね」

　aが小麦粉をすくって自分のボウルへ移す。他の子どもたちは椅子から身を乗り出して様子を見ている。

d「ぼくもやりたい！」

E「dくんの順番になったら，できるよ」

　bの番になる。bは小麦粉をすくって自分のボウルへ入れたあと，もう一度すくって入れ，さらにもう一度すくおうとする。

c「もうぼくの番だよ！」

　bはすくい続ける。

c「bくんはおしまい！　ぼくの番だよ！」

　cはbの袖を引っ張って止めようとする。aとdは2人の様子を見ている。bは無言でcの手をふりはらい，小麦粉をすくおうとする。

c「ぼくだって，やりたい！」

E「cくん，手は出さないよ。お口で言おうね。bくん，聞こえた？　cくんがぼくもやりたいって言ってるよ」

a「（小さな声で）ぼくは（順番を交代）したよ」

　bは保育者の顔をじっと見ながら，さらに粉をすくおうとする。

E「あら，すくいにくそうね。そろそろ大きなボウルも空っぽになりそう。どうしようね」

　bは手を止める。少し考えているようだ。

c「（少し涙声で）ぼくもやりたい……」

　bは黙ってcにボウルを渡す。cは嬉しそうに小麦粉をすくいはじめる。bは立ったままうつむき加減にcを見ている。dはテーブル上に大きく身を乗り出しcの様子を見ながら，自分の番を心待ちにしている。aはテーブルの向こうに座り，手だけテーブルに乗せたままb，c，dとEを静かに眺める。

②保育者（F）による子どもの学びの評価

　今日は，（Lpfö 18 の発達目標にある）多様性への理解を育むシチズンシップ[*8]を学ぶ活動をしました。教育要領の第一義である民主主義的価値の基礎ですね。みんな小麦粉を触りたいしすくいたい。とはいえ，一度にできる子どもは一人だけ。楽しいから自分の番になったらずっとやりたくなる。けれども，みんながやりたい気持ちを満足させるには，交代しながらやっていく必要があります。そのような場で果たして自分はどのようにふるまうのか。それを子どもたちに経験してもらいたかったのです。経験はいったん全員にさせてみますが，子どもが自分の意志で活動を抜けることは自由です。普段の子どもたちの様子から，このくらいの活動なら挑戦できると思い，行いました。

　dくんは，好奇心が旺盛で人一倍関心も強いです。自分の番を楽しみに待ちながら，他の子どもたちが楽しんでいる時間を一緒に過ごすことが上手ですね。aくんは，一番先に粉に触れた嬉しさもあったのか，一通り満足したら素直に順番を替わりましたね。bくんは，はじめから小麦粉にとても心を惹かれていたのかな。自分の番になると次の番の子へ譲ろうとする気持ちにはなかなかならなかったようですね。魅力的なものに触れていたい。けれども，自分一人が楽しんでいると友達は嫌な気持ちになる。それでもやりたい。葛藤ですよね。aくんの声が後押しをしたのか，自分から区切りをつけましたね。cくんは，自分のやりたい気持ちをしっかり主張しbくんへ伝えました。気持ちが高ぶっても無理やりに順番を奪おうとしなかったですね。

　子どもたちは民主主義的な社会に参加するのではなく，生まれたときから社会の中にいます。このスウェーデン社会でどのように生きていくか。それは決して大げさなものではないと思います。日々の生活において，順番を守る，他者の意見に耳を傾ける。突出したリーダー

---

*8　市民性，市民的資質。共同体における主権者として社会へ参画し，政治や社会について関心を寄せながら，実際に課題へ取り組んでいくような行動的な構成員（メンバー），あるいは構成員であること（メンバーシップ）を指す概念。

がいるのではなく，丸く座って，隣の人の考えを尊重しながら，相手
の顔を見て話し合っていく。そうやって，自分や周りの人が居心地よ
く，よりよい環境をつくっていくために，自分が周囲へ何を伝え行動
するか。小さな年齢から少しずつ経験していくことが大切なのだと思
います。

　Lpfö 98 から Lpfö 18 の改訂においては，多様化する社会を背景に，就学前学
校活動の第一義である民主主義的価値の解釈が変わりました。本事例はその改
訂をふまえ，明快な答えのない事柄へ子どもたちが自分たちの力でどのように
向き合うか，という哲学的なねらいを見据えた活動でした。みんなで楽しくお
菓子をつくっているのかと思いきや，2 歳児の活動にもシチズンシップを意味
づけるのか……と驚きながらも，この活動がやがて就学前学校から就学前クラ
ス，基礎学校と，どの学校種のあらゆる年齢段階でも出会う集いのスタイル——
床のマット上に全員が円座して互いの顔を見合いながら話し合う——へ繋がっ
ていくのかと，妙な感動も覚えました。
　この 2 歳児クラスの半数は外国ルーツの子どもたちであり，子どもたちは既
に多彩な文化的環境にあります。それぞれが自分の考えを明確にもち表現しは
じめる発達段階だからこそ，スウェーデン社会で重要視されている対話につい
て遊びを通じて学ぶ体験を就学前学校で行うのですね。そこで保育者が子ども
たちと創造していく保育実践の評価基準は，子どもたちが活動を通じてどのよ
うな知識を得たかや，何がどのくらいできるようになったかでもなければ，何
がいいとか誰が正しいというものさしでもないようです。
　あなたは隣にいる人とどのように向き合い語り合い付き合っていく？　その
ためには，どのようにふるまうと心地いい？　このような問いを保育者ととも
に重ねていく経験は，おそらく生涯を通じた柱のようなものとして子どもたち
自身の理解や判断，感じ方の基礎となるでしょう。保育者はその絶妙な機会を
逃さないためにも，子どもたちの内面と対話する時間を一切惜しまないのです。

5. スウェーデンにおける保育評価議論からの示唆

　スウェーデンにおける保育評価の議論は，大人が子どもをどのようにまなざすかという問題として展開されてきました。また，そのまなざしが乳幼児期の学びというものへ向けられたことにより，評価の意味は大きく変化しました。さらに，現在は評価という活動へいかに子どもが参加し，子どもの視点が評価へどのような影響を与えるのかが論点になってきています。

　そもそもスウェーデンにおいて，子どもは家族という単位から独立した一市民であり，子どもが自身の成長のために保育を享受する権利を法制化してきました。そのような制度のもと，就学前学校は1歳からはじまる生涯学習制度の基礎であり，子どもたちが民主主義的価値を体験する機会を提供する義務があります。さらに，就学前学校の実践は子どもの権利条約で示された価値観や権利を反映したものでなければならず，就学前学校で働くあらゆる教職員は，子どもたちが民主主義を理解するためのロールモデルとなることが，学校法や就学前学校教育要領に明記されています。これら制度設計により，子どもの声が就学前学校の活動に反映される法的根拠を整備しているのです。

　一方で，実践においては社会構成主義[9]やポスト・ヒューマニズム[10]に依拠し，大人が子どもの声を聴くと同時に，子どもの視点から保育を編成し，それを子どもの声によって評価し，保育を改善・展開していくような手法が主流となってきています。ただし，保育者の力量に負う側面が課題として残されており，それゆえに子どもの声が必ずしも反映される評価になっていない現状も指摘されています。したがって，多様な評価手法を組み合わせて活用しながら，乳幼児期の学びのありようやその評価手法を模索している状態にあると考えられます。

　社会の現実が多様化し科学技術の複雑さが増していく中，民主的な議論にお

---

*9　世の中に客観的かつ絶対的な物事が存在することを前提にするのではなく，人間が認知するからこそ世界のさまざまな人や物，事象が存在するという考え方。社会の中で営まれる相互作用によって「現実」がつくられていくと捉えるため，人々の関係性に着目することを重視する。
*10　人間を超えた存在を志向する哲学的態度。人間を放棄しようとするのではなく，技術の発展を身体機能の外在化と捉えることで，人間という存在を批判的に検討しようとする立場。

いては，議論の内容や結論よりも，誰がどのような考えで話をしているかとい
うプロセスがはるかに重要となってきています。このような未来へ向かう今，保
育者はどのようなまなざしを子どもに向けながら，子どもとの関係を育み続け
ていけばよいのでしょうか。私たちも静かな挑戦を続けていきたいものです。

参考・引用文献

Ärlemalm-Hagsér, E. (2014). Participation as ʻTaking Part Inʼ: education for sustainability in Swedish preschools. *Global Studies of Childhood*, **4**(2), 101-114.

Clark, A., & Moss, P. (2001). *Listening to young children: The mosaic approach*. London: National Childrenʼs Bureau.

Cohen, B., Moss. P., Petrie, P., & Wallace, J. (2004). *A New Deal for Children? Re-forming education and care in England, Scotland and Sweden*. Bristol: The Policy Press.

Colliander, M-A., Stråhle, L., & Wehner-Godée, C. (red.) (2010). *Om värden och omvärlden: Pedagogik i praktik och teori med inspiration från Reggio Emilia*. Stockholm: Stockholms universitets förlag.

Dahlberg, G., Moss, P., & Pence, A. (2014). *Från kvalitet till meningsskapande: postmoderna perspektiv-exemplet förskolan*. Stockholm: Liber.

Elfström, P. K. (2017). *Production and Products of Preschool Documentation: Entanglements of children, things, and templates*. PhD Thesis. Linköping University Electronic Press. http://liu.diva-portal.org/smash/get/diva2:1089810/FULLTEXT01(2022 年 12 月 23 日閲覧)

Engdahl, I. (2004). Implementing a National Curriculum in Swedish Preschools, *International Journal of Early Childhood Education*, **10**(2), 53-78.

Garvis, S. (2021). An Explorative Study of Skilled Immigrant Mothersʼ Perspectives Toward Swedish Preschools, *Journal of Research in Childhood Education*, **35**(3), 389-398.

Gustafsson, J. (2004). Portföljer, en bärande idé? *Studies in Educational Policy and Educational Philosophy*, **2004**(2). http://www.upi.artisan.se/docs/Doc230.pdf(2022 年 12 月 23 日閲覧)

Johansson, I., & Moss, P. (2010). Re-Forming the School: Taking Swedish Lessons. *Children & Society*, **26**(1), 25-36.

Kaga, Y., Bennette, J., & Moss, P. (2010). *Caring and Learning Together: A cross-national study on the integration of early childhood care and education within education*. UNESCO.

Kampmann, J. (2005). Restaurative tendenser i uddannelsespolitikken: Når livet bliver til test og kanon. *Dansk pædagogisk tidsskrift*, **4**, 75–79.

川崎一彦・澤野由紀子・鈴木賢志・西浦和樹・アールベリエル松井久子(2018). みんなの教育──スウェーデンの「人を育てる」国家戦略　ミツイパブリッシング

Korpi, B. M. (2006). *FÖRSKOLAN I POLITIKEN – om intentioner och beslut bakom den svenska förskolans framväxt*. Stockholm: Utbildningsdepartementet.（マルティン＝コルピ, B.　太田美幸(訳)(2010). 政治のなかの保育──スウェーデンの保育制度はこうしてつくられた　かもがわ出版）

Lenz-Taguchi, H. (2000). *Emancipation och motstånd: Dokumentation och kooperativa läroprocesser i förskolan*. Stockholm: Lärarhögskolan i Stockholm, Doktorsavhandling.

Lenz-Taguchi, H. (2012). *Pedagogisk dokumentation som aktiv agent: introduktion till intra-aktiv pedagogik*. Malmö: Gleerups utbildning.

Lenz-Taguchi, H. (2013). *Varför pedagogisk dokumentation?: verktyg för lärande och förändring i förskolan och skolan*. 2., [rev. och uppdaterade] uppl. Malmö: Gleerups utbildning, s.13-14, 15-16, 38-39.

Lindström, L. (2011). The Multiple Faces of Visual Arts Education, *The International Journal of Arts & Design Education*, **30**(1), 7-17.

Mason, J., & Bolzan, N. (2010). Questioning Understandings of Children's Participation: Applying a Crosscultural Lens, In B. Percy-Smith & N. Thomas (eds.), *A Handbook of Children and Young People's Participation: perspectives from theory and practice*. London: Routledge.

内閣府（2023）. 令和 4 年度内閣府委託事業「我が国及び諸外国の少子化の状況等に関する調査」報告書

Olsson, Å., Elvstrand, H., & Thelander, N. (2020). Allt eller inget? Barns rättigheter i lärarutbildning, *Utbildning* & *Demokrati 2020, 29*(1), 25–47.

大野　歩（2014）. スウェーデンにおける保育評価の変容に関する研究――2011 年教育改革後の教育学的ドキュメンテーションに着目して　保育学研究, **52**(2), 6-17.

大野　歩（2015）. スウェーデンの保育改革にみる就学前教育の動向――保育制度と「福祉国家」としてのヴィジョンとの関係から　保育学研究, **53**(2), 110-128.

Pramling, N., Wallerstedt, C., Lagerlöf, P., Björklund, C., Kultti, A., Palmér, H., Magnusson, M., Thulin, S., Jonsson, A., & Pramling Samuelsson, I. (2019). *Play-responsive teaching in early childhood education*. Springer Nature.

Pramling Samuelsson, I. (2006). Teaching and Learning in Preschool and the First Years of Elementary School in Sweden, In J. Einarsdottir., & J. T. Wagner, (eds.), *Nordic Childhoods and Early Education*. USA: Information Age Publishing Inc, pp. 101-132.

Pramling Samuelsson, I. (2015). *Utvecklingen av barn-och förskolepedagogisk forskning inom utbildningsvetenskap vid Göteborgs universitet. En personlig berättelse, Institutionen för pedagogik, kommunikation och lärande*. http://hdl.handle.net/2077/41346（2022 年 12 月 23 日閲覧）

Pramling Samuelsson, I., & Carlsson., M. A. (2008). The Playing Learning Child: Towards a pedagogy of early childhood. *Scandinavian Journal of Educational Research*, **52**(6), 623-641.

Pramling Samuelsson, I., & Pramling Samuelsson, I. (2010). Vad betyder barns perspektiv för utvärdering och utveckling? *Forskning om undervisning och lärande*, **3**, 31-43.

Skolinspektionen. (2011). *Kommunbeslut -efter tillsyn av förskoleverksamheten i Stockholms kommun Skolinspektionen*.

Skolverket. (1998). *Läroplan för förskolan, Lpfö 98*. Stockholm.

Skolverket. (2005). *Allmänna råd och kommentarer Kvalitet i förskolan*. Stockholm.

Skolverket. (2008). *Tio år efter Förskolereformen Nationell utvärdering av förskolan*. Stockholm.

Skolverket. (2010). *Utmaningar för skolan Den nya skollagen och de nya reformerna*. Stockholm.

Skolverket. (2012). *Uppföljning, utvärdering och utveckling i förskolan: Pedagogisk dokumentation*. Stockholm: Fritzes.

Skolverket. (2018). *Läroplan för förskolan, Lpfö18（SKOLFS 2018:50）*. Stockholm.

Skolverket. (2023). *Barn och personal i förskola Hösten 2022*. Stockholm.

UNICEF. (1989). *United Nations Convention on the Rights of the Child 1989*.

Utbildningsdepartementet. (2009). *Ds 2009:25. Den nya skollagen: för kunskap, valfrihet och trygghet*. Stockholm.

Utbildningsdepartementet. (2017). *Regeringens proposition 2017/18:9 Skolstart vid sex års ålder*. Stockholm.

Utbildningsdepartementet 1999 års skollagskommitté. (2002). *Skollag för kvalitet och likvärdighet (SOU 2002:121)*. http://www.regeringen.se/sb/d/108/a/677（2022 年 12 月 23 日閲覧）

Vallberg-Roth, A.-C. (2012). Different forms of assessment and documentation in Swedish preschools. *Nordisk barnehageforskning*, **5**(23), 1-18.

von Greiff, C., Sjögren, A., & Wieselgren, I.-M. (2012:2). *En god start: En ESO-rapport om tidigt stöd i skolan*. Stockholm: Finansdepartementet.

Wallerstedt, C., & Pramling, N. (2012). Conceptualising early childhood arts education: The cultivation of synesthetic transduction skills. *International Journal of Early Childhood, ***44**(2), 127-139.

第II部

多声的な保育アセスメントを求めて

　　第II部は，日本の保育現場で子どもの声からはじまったアセスメントの実践を紹介します。ここでは，いくつかの方法論が出てきます。ドキュメンテーション，ラーニング・ストーリー，写真投影法，日本版SICSなど，その実施に目が惹かれることもあるでしょう。

　　しかし，第II部を通して感じていただきたいことは，子どもたちの声が起動元になって，保育者，保護者，その周辺の人たちが次々と影響を受ける様子です。これこそが保育のダイナミズムであり，それが引き出されて実践が変わることこそ，保育アセスメントの意義だと考えます。

　　保育者が評価し，子どもが評価される。そのような上下関係を乗り越える——保育者と子どもの境目が溶解して，気づいたらお互いにワクワクしながら生きている——ことを本書の保育アセスメントでは志向しています。方法論はそのための一助に過ぎません。

　　第5章から第7章まで読み進めるにつれ，「子どもの声を聴く」から「お互いの声を聴き合う」へ，徐々に子どもと保育者の関係性が変容していくことを感じていただければ嬉しく思います。そして，これらの実践から，保育アセスメントが目指していることは何なのかを再考し，皆さまが有している「ものさし」の転換と心からやってみたいと思える保育アセスメントを追求してください。

第5章

権利主体者たる子ども

1. 自分の考えを主張する子ども，受けとる保育者

　子どもの権利条約によって，子どもに権利があることは広く知られるようになりました。一方で，その権利を子ども自身がどのように主張しているのかについては，あまり議論されません。とりわけ，乳幼児を想像したとき，子どもの権利は大人が守ってあげるものであるという側面が強調され，子どもが主張するという観点は抜け落ちてしまいがちです。

　本来，権利は主体的に行使されるものです。つまり，子どもの権利の保障を議論するうえでは，子どもが主体的に権利を主張することを想定しなければなりません。

　本節では，保育現場において，子どもが権利を主張する場面とそれによって生じる変化について，「子どもの要求」「保育者の葛藤」「対話」をキーワードに述べていきたいと思います。

(1)「ああしたい，こうしたい」

　子どもたちは，生活や遊びの中で，さまざまな主張をします。まずは，そういった声がたくさん出ていることに安心します。子どもの主張を受けとってくれる保育者がたくさんいる施設である何よりの証拠だからです。

　一方，子どもたちの主張が聴き入れられない場合もあります。それが常態化すると，子どもは保育者の前で静かにしています。保育者に聞こえないように，隣の友達とコソコソとお話していることもあります。「先生に言っても，どうせ聴いてもらえないから」という心の声が聞こえてきそうです。

　ここには，厳然たる立場の違い，一言でいうと上下関係が存在しています。子どもの声を聴く保育実践では，保育者がこういった立場の違いを自覚し，それを崩すプロセスが求められます。たとえば，欧米では，子どもアドボカシーと呼ばれる活動の中で，社会的弱者である子どもの声を大人や社会に届けています。保育においても，レッジョ・エミリアのリスニング・ペダゴジーの理念に則った実践は，マラグッツィの経験したイタリアのファシスト独裁政権に対する抵抗（レジスタンス）運動の影響を受けており（モス・佐藤, 2020），大人が自ら強い立場にあることを自覚したうえで，独善的に価値判断することを否定することからはじまっています。

　保育者は，生活や遊びにおける子どもたちの主張「ああしたい，こうしたい」に耳を傾けることからはじめます。そこには，今の施設に対する子どもたちの不満が込められていると思います。

　「なんで○○したいのに，やっちゃいけないの？」

　その主張に応えるために，私は何ができるのか。それを考えることからはじめます。

(2) 受けとる保育者の葛藤

　子どもたちの「ああしたい，こうしたい」という主張に応えるためには，環境を変える必要があります。道具や材料などの物的環境はもとより，人的環境の見直し，十分に取り組めるような時間的・空間的な環境の提供，地域の資源を使うなど社会的環境の活用を念頭に入れる場合もあります。つまり，子どもの声を受けとることは，保育に広がりをもたらすことと同義です。

　しかし，子どもたちの主張は，しばしば保育者の想定を超えることがあります。時には，「そんなこと言われても無理！」と思うことも少なくありません。そういった状況の中で，保育者は「子どもたちの主張に応えてあげたいけれど，

こちらの事情もあるからね，う～ん」という葛藤を覚えます（松井，2019）。この葛藤は，子どもの声を受けとろうとしている保育者だからこそ起こることなので，望ましい状態だと捉えられます。ただし，それを抱える保育者の立場からすれば，早くその状態を解消したいのも事実だろうと思います。

　簡単に解消するのであれば，方法は2つです。一つは，子どもの主張を退けること「ごめん，それはできないの」，もう一つは，子どもの主張を全面的に受け入れること「わかった，じゃあそうしよう」です。前者は，上の立場の大人が，子どもの声を退けるという構造で多くの方が望ましいと思わない決定だと思います。ただ，じゃあ後者だったらよいのかというと，ちょっと違和感が残ります。見方によっては，子どもの言いなりになっている，言葉を換えれば，子どもが上の立場になっているともとれるからです。すなわち，その状況においては，保育者が弱者になってしまっていて，上下関係が残っているという点で構造的には同じになっているのです。

　そこで，「対話」の重要性が浮かび上がってきます。

(3) 保育を見直す対話

　近年，「あたりまえを見直す」ことが，社会で叫ばれています。急速に変化する世の中で，従来の仕組みが成立しなくなっているためです。保育の質を検討するにあたっても，これまでにあたりまえと思われてきたことを子どもの立場から考えることの重要性が指摘されています（伊瀬，2018）。

　子どもの声を聴いて葛藤が起こった際，保育者は「誰かに話したくなる」のではないかと想像します。自己内対話に耐えきれずに，他者との対話に踏み切るのです。このように対話はあらかじめ準備していた場で行うこともありますが，本来的には，「気が付いたら既に始まり，いつの間にかその渦の中心に他者と共に差し向かいで立っているような状況」（青山，2020）なのです。

　対話を通して，保育を見直します。同僚と話すことを通して，その主張に応えることで子どもが経験できることは何で，その経験にどのような価値があるのか，また，保育の理念から，実際に園内の環境をどのように変えるのかなど，多側面での変化の可能性が生まれます。保護者と対話することで，子どもの主

張の背景が見えるかもしれません。そして，子どもも対話の相手です。子ども
との対話では，お互いに主張する関係性を構築することもできます。

　こういった背景をふまえ，第2節と第3節では，子どもの声を聴く保育実践
の端緒として，子どもたちの主張を「聴く保育者」の立ち位置からの実践を紹
介します。

2. 園環境の価値は子どもによってつくられる

　「園の環境づくりは，保育理念そのものである」

　ある施設長から聞いた言葉です。これは「環境を通した教育」が重視される
中で，当然の言葉のように思います。ここで，「園の環境」ではなく，「園の環
境づくり」というところに着目したいと思います。私たちは，ある園の観察に
行ったときなど，「素晴らしい環境だなぁ」という感想をもつことがあります。
一方，その外観に目を奪われるあまり，それらがどのようなプロセスで生み出
されたのか，という点に関心が向かなくなってしまうこともあります。いざ話
を聞いてみると，「保育者たちが頑張った」という苦労話で，子どもの話が出て
こなくてガッカリなんてことも……。

　本節では，香川大学教育学部の附属幼稚園高松園舎が子どもの声を受けとり
ながら環境づくりに試行錯誤した事例を紹介します。同園は創設期以来，子ど
もたちの学習課題を，「関わりながら学ぶ社会性，協調性，信頼関係」としてお
り，子どもたち自身が自分で選択する主体性を中心とする環境のもとで幼児教
育を行うことを大切にしてきました。

　一方で，2021年まではもともと市内の小学校で採用された教員が異動により
赴任する場合がほとんどで，小学校と幼稚園のスタイルや文化の違いに戸惑い，
葛藤しながら教育を進めてきました。そのため，時にはこれまでに行われてい
た教育の前例を踏襲することに重きが置かれたり，小学校教育の感覚で子ども
の学びを読み取ったりする時期もあるなど，揺れ動きながら幼児教育の質を追
求してきました。

　本節で紹介する実践の時期は，教員の入れ替わりに伴って，これまであたり

まえにしてきたこと，伝統的に続けてきたことが，本当に今の子どもたちにとって価値があることなのか，という疑問が膨れ上がったときでした。そこで，幼稚園に在籍している一人ひとりの子どもの遊びについて，あらためて探ることをねらいとして，子どもたちの声に耳を傾け，職員で話し合いながら環境や援助を見直していったのです。

　ここでは，そのはじまりとして，「写真投影法」という方法を使って，一人ひとりの子どもが，幼稚園の環境のどこにどのような価値を置いて遊んでいるのかを理解し，保育の改善に繋げた事例を紹介します。

　なお，対象園は4，5歳児の2年保育で，各クラス30名を定員としており，それぞれ正規職員1名と補助職員1名の保育者が担当していました。

(1) 子どもたちの遊ぶ権利が滲み出てくる

　「うちの子どもたちは探究するのが本当に好きなんです」（教員談）

　長年，園を訪れてきた筆者も子どもたちの姿から同様のことを感じていました。一人ひとりの子どもから，出合った事象に関して疑問が出てくることが多く，その疑問をそのままにするのではなく突き詰めて考えようとする姿勢と行動力があります。

　これは，附属幼稚園ということと無関係ではないと思います。前述のような教員配置の背景から，もともと「教育」への意識が高い職員集団であったこと，そして教育に熱心な家庭の子どもたちが集まりやすいことや，小学校以降の教育への意識が高いことなどにより，長きにわたってこういった子どもたちの姿に価値が置かれてきた歴史のもとで構築された園の哲学だといえます。

　加えて，現行の幼稚園教育要領，小学校学習指導要領から加わった「資質・能力」という視点により，いっそうこういった子どもたちの見方が加速した印象がありました。たとえば，高松園舎の保育者は，幼稚園じほうに記載された次の記述などを参考にしています。

　　　遊びは，そこに没頭するプロセスに幼児にとっての充実感があり，同
　　時に，教育の視点から見ると技術的な習熟や，思考力や判断力，表現

　　力を高める機会でもあることが読み取れる。　　　　　　（戸田, 2019）

　こういった観点に立ったとき，保育者たちは，子どもたちのある発言に違和感を覚えました。それは，子どもたちからとても多く出ていた「もっとああしてみたい，こうしてみたい」です。

　こういった発言は，探究という側面から考えたとき，子どもたちの中からたくさんやりたいことがあふれ出てくる環境が提供できているという意味で望ましいことと捉えられてきました。

　しかし，別の見方もできます。本当に子どもたちがやりたいことを実現できているならば，そのような発言は出てこないのではないかということです。つまり，子どもたちはもっと試してみたり，表現したり，話し合ったりしたいのではないだろうか，それが十分にできていないからこそ，「ああしてみたい，こうしてみたい」という要望のような発言がたくさん出てきてしまっているのではないかという捉えです。言い換えれば，子どもたちが遊ぶ権利を主張しているとも考えられます。

　そういった背景もあり，子どもたちの声をもとに遊びを見直すため，写真投影法を通して，環境の見直しに取り組みました。

(2) 写真投影法とは

　1980年代後半から，子どもにかかわる研究領域において，「子どもの声を聴く」というパラダイムシフトが生じました（Dahlberg & Moss, 2005）。幼児教育の分野においても，レッジョ・エミリア・アプローチを先導に「子どもは，その言葉を聴く価値のある存在である」という認識がなされ，子どもの声を聴きとるための方法論が提起されています。

　そういった中で，複数の手法を組み合わせて子どもの声を聴くモザイク・アプローチが開発されました（Clark & Moss, 2001）。具体的には，子どもの行動観察，施設に対する考えを聴きとるための子どもへのインタビュー，子ども自身が施設の環境を撮影した写真，その写真をもとにした施設内のツアーやマッピング，施設での生活に関する小さなおもちゃを使ったロールプレイ，保護者

へのインタビューから得られた情報など，複数の情報をモザイクのように組み合わせることで子どもの声を理解します（Clark & Moss, 2011）。

　写真投影法とは，上記の一つである「子ども自身が施設の環境を撮影した写真」を通して，子どもの声を聴く方法になります。たとえば，宮本らは，複数の園の 4，5 歳児を対象として写真投影法を行っています（宮本ら, 2017）。そこでは，子どもたちにデジタルカメラを渡し，一人ひとりが好きな遊び場を 3 か所撮影するようにお願いしました。そして，子どもたちが撮影した写真をもとに，その場所を好きな理由，その場所でしている遊びの内容などをインタビューしています。その結果，たとえ複数の園で園内環境が似通っていても，子どもの好きな遊び場には差異が見られたことを明らかにしています。また，植村・松井は，写真投影法を通して子どもの声を知ることによる保育者の意識の変化を検討しました（植村・松井, 2017）。1 つの園の 5 歳児クラスを対象に写真投影法を行い，一人ひとりの撮影した写真とその理由を担任が知ることで，子どもに対する遊びの提案と援助の仕方の選択肢が増えたことが示唆されています。

　写真投影法には，子どもによって切り取られた写真と語りによることから，子どもの思いを拡大解釈してしまいかねないという課題もあります。あるいは，写真を撮影するときに，迷いなくすぐに撮影する子どももいますが，何を撮るか悩みながら決断に時間がかかる子どももいて，園環境に対する子どもの価値づけを強いてしまう側面もあるため，一概に望ましい方法ともいえません。

　しかし，今の子どもたちの多くはスマートフォンを通して日常的に写真を撮影することに慣れていますし，写真を使った記録に取り組んでいる施設では，遊んでいる中で「これを写真に撮りたい」という子どもも見られるようになってきています。そういった背景を考えれば，子どもたちが遊びの中で気楽に自分の好きな場所を撮り，それを保育者や友達に話すという機会はあってもいいのかもしれません。

(3) 高松園舎の写真投影法の取り組み

①対象と手続き

　4 歳児クラスと 5 歳児クラスの各 29 名（保育者は各 2 名）を対象に，写真投

写真 5-1　好きな場所を撮る
出所：筆者撮影。

写真 5-2　写真を見ながら保育者と話す
出所：筆者撮影。

影法を実施しました。子どもたちが撮影した写真をその場で現像できるように
ポラロイドカメラを使用しました。なお，事前に写真の撮り方は子どもたちに
伝えておき，何度か練習をしておきました。

　自由遊びの時間帯に，各クラス 2 名ずつの計 4 名の子どもたちからはじめ，写
真を撮り終えたら順番に次の子どもにカメラを渡すようにしました（写真 5-1）。
写真を撮り終えた子どもは，保育者のいるテーブルに行き，保育者が理由を聴
きとっていきました（写真 5-2）。

　手続きは次の通りです。

1. 保育者が，対象児にカメラを渡して，「幼稚園の好きなところを写真に撮っ
　　てきて」と教示する。
2. 子どもがそれぞれに幼稚園の環境を写真に撮ってくる。
3. 保育者は，写真を撮り終えた子どもに，「どうしてこの写真を撮ったのか？」，
　　「ここで（もしくはこの人と）どんな遊びをしたいのか？」を尋ねる。

　実際にやってみると，友達と一緒に話をしながら撮影する場所を考える子ど
もや，1 枚だけではなく何枚も撮影する子ども，友達や保育者など人を撮る子
どももいました。また，保育者が一人の子どもに理由を聞いているところに他
児が集まって一緒に話をするという光景もありました。このように，一人ひと
りの子どもが撮影した写真とその理由にとどまらず，写真を撮るときの様子や
他児への関心のもち方なども，それぞれの特徴が出ていて，その子どもの関心

を理解するのに大いに参考になりました。

②子どもたちの写真から，子ども理解を深め，園環境を再考する

　子どもたちはどのような写真を撮影して，どのような理由を述べたのでしょうか。おおまかにいえば，4 歳児は写真投影法をした日に関心のあったことを写真に撮る子どもが多かったのですが，5 歳児はそのときの関心だけではなく，それまでもち続けていた思いも表れるなど，多様な写真と理由が出ました。ここで，4 歳児と 5 歳児で特徴的だったものを紹介します。

エピソード 1：他児と遊んだ経験を語る 4 歳児

　4 歳児は 29 名のうち，16 名が他児と一緒に遊んだ経験を理由として挙げました（5 歳児は 8 名）。高松園舎は 4 歳児からの入園です。しかも写真投影法を実施したのが 6 月だったこともあって，新たな集団で友達と遊んだ経験が子どもたちに印象深く残っていることが推測されました。したがって，4 歳児の場合は，保育者が「この子がこんなことを考えていたとは思わなくて意外だった」という写真や理由は多くありませんでした。

　ただし，写真の撮り方には個性があって，一人ひとりの見えている風景に思いを寄せることができました。たとえば，「病院ごっこが好きだから」という理由で同じ場所の写真を撮った 2 人の男児は，理由が同じにもかかわらず，写真 5-3，5-4 のように焦点を当てたものや構図が異なっていました。だいたい 5 名ほどで遊ぶことが多い病院ごっこでしたが，一人ひとりの好きな役割などによって心象

写真 5-3　病院ごっこの一部を撮影
出所：園児撮影。

写真 5-4　病院ごっこを俯瞰的に撮影
出所：園児撮影。

風景が違うのかもしれないと想像することで，一人ひとりの理解をさらに深める感覚がありました。

エピソード2：記憶をたどって振り返る5歳児

　5歳児は，4歳児と異なり，今までの遊びを振り返りながら撮る場所を考えた跡が見えました。そのため，保育者にとっても予想外の答えが多く見られ，子どもの思いを再発見する結果となりました。

　たとえば，写真5-5は，一人の女児が撮った写真です。理由は，「ブランコにいつも乗っていて楽しいから。立ち漕ぎしたり，二人乗りしたり」というものでした。でも，ちょっと待ってください。あらためて写真を見ると，写っているのは枠だけでブランコ自体はありません。

　実は，写真投影法を行う少し前から園側の事情でブランコは取り外されていて，子どもたちは遊ぶことができていませんでした。保育者は，この写真を撮った女児がブランコにここまでの思いをもっていたとは知らず，事情があったとはいえ，軽率にブランコを外してしまったことを反省しました。

　また写真5-6は，一人の男児が撮った4歳児クラスの教室の写真です。理由は，「枠積み木があるから。4歳児クラスのとき遊んで楽しかったから」というものでした。

　その当時，高松園舎では4歳児クラスに枠積み木（真ん中が空洞になっている積み木）を置き，5歳児クラスには通常の積み木を置くのが暗黙のルールになっていました。どうしてそうなったのかは不明です。かつての保育者によってつくられたルールがなんとなく踏襲されていたのです。

　写真投影法のあと，保育者の話し合いの中でブランコを外した事情を振り返り，それまでとは違う対応を検討して復活させることを決めました。また，クラスによって積み木の種類が変わるのも見直し，年齢別ではなく，子どもたちの関心によって，どちらのクラスも両方の積み木が使用できるように環境構成を変えました。

　ずっと同じ園に勤務していると，あたりまえにやっていることを見直す機会がなかなかもてず，「なんとなく」続けていることもたくさんあると思います。子どもの声は，そういった大人のあたりまえに対する違和感を投影することがあって，それまでにはなかった気づきをもたらしてくれることがあるのです。

写真 5-5　ブランコの枠を撮影
出所：園児撮影。

写真 5-6　枠積み木を撮影
出所：園児撮影。

③子どもたちの声をもとに保育の本質に迫る

　上記のように，子どもたちの声を通して，子どもたちが園環境に感じている価値に触れることができました。そして，それは保育者の見方とは大いに異なるものであって，子どもたちの声をもとに園環境を再考することの意義を深く実感したのです。

　そして，同年の 12 月に行った 2 回目の写真投影法では，さらに子どもの声から園環境が改善されていきました。きっかけとなったのは，砂場の写真とビー玉転がしの写真です（写真 5-7，5-8）。

　砂場の写真を撮影したのは，5 歳児クラスの男児でした。その子は砂場でよく遊んでいたため，砂場を撮ってくるだろうという予想はされていました。しかし，その理由が保育者には驚きだったのです。それは，「水を運ぶのが好きだから」というものでした。

　それまで保育者は，水を運ぶのは川をつくったりするなどの目的を達成するための手段だと思っていました。ところが，その子は，水を運ぶことそのものを楽しむという目的をもっていたことになります。これは，子どもの遊びを捉えるうえで非常に本質的な視点をもたらすものだと考えられます。よくいわれるように，遊びはそれ自体が目的であるからです。つまり，この子どもの声を聴くまで，保育者は砂遊びの一部（山をつくるとか川をつくるとか）に価値があると暗黙的に切り取って，砂遊びの「目的」を決めつけてしまっていたのです。しかし，子どもにとっての砂遊びの価値は，遊びの中の一つひとつの細やかな

写真 5-7　砂場を撮影
出所：園児撮影。

写真 5-8　ビー玉転がしの道
具を撮影
出所：園児撮影。

行為にも当てはまるのかもしれない，というのは大きな気づきでした。

　この話から，保育者間でもっと「運ぶことそのものを楽しめるモノは何かないだろうか」という議論になりました。運ぶことが手段であれば一度に多くの水を簡単に運べるほうが望ましいと思われます。ただ，子どもが望んでいるのは，運ぶことそのものが楽しくなることです。「量を増やすことができる」，「簡単に持つことができる」というそれまでの常識にはなかった発想が必要になります。

　そこで，既に砂場にあるバケツやじょうろにはない性質は何だろうか，ということを論点として考えました。その結果，「透明なものだと運んでいるときの水の動きが見えて楽しくなるのではないか」，「自分で形を変えられるようなものだとおもしろいのではないか」という意見をもとに，透明のビニールパイプを砂場に置いてみることにしたのです。

　透明のビニールパイプを置いてみると，バケツやじょうろとは一味違う運び方を楽しむ子どもがいました（写真 5-9）。また，川をまたいでビニールパイプを橋のように置いて，その中に落ち葉を入れて水で流すような姿もありました。子どもたちの遊びが変わったのです。

　このように，子どもの声をきっかけに環境構成を変えることで，保育者はそれまでとは異なる砂場遊びの価値を発見したのでした。

　次に，ビー玉転がしの事例です。写真 5-8 を撮影した男児は，ビー玉転がしのコーナーだけではなくて，「幼稚園全部を使ってビー玉転がしがしたい」とい

写真 5-9　ビニールパイプで水を運ぶ子
　　　　　ども
出所：筆者撮影。

写真 5-10　絵本ラックの上でビー玉を転
　　　　　がす
出所：筆者撮影。

う思いを保育者に訴えました。保育者の立場からは，ちょっと困った要望です。気持ちはわかるし，応えてあげたいけれど，実際にはできそうにない。これまでだったら，「それはできないの」で済んでいた話でした。

　しかし，子どもたちの環境に対する感じ方は保育者とは違うという前提に立つと，無下に否定するわけにもいきません。ここで本質に立ち返ります。これは，単に「ビー玉転がしができる場所はどこなのか」を考える問いではありません。本質的には，「決められたコーナーでは決まった遊びしかできないのか」という広く保育の環境全体のあり方を考える問いです。

　そこで，ビー玉転がしを他の場所でやってはいけない理由は何かを考えてみると，結局は「ビー玉をなくしやすいから」という単純な理由に至りました。そうであれば，ビー玉転がしのコーナー以外で遊んでもなくしにくいようにすればいい。そこで，コースをつくっていいのはコーナーだけという制限を加えながらも，今までは箱にまとめて入れていたビー玉を 1 人 1 つずつ自分のものとして持ち歩いていいことにしました。自分のものであれば，なくすことはないだろうと考えたためです。

　そのようにルールを変更してみると，ビー玉を持って幼稚園のさまざまな場所で転がしてみる子どもたちの姿が見られるようになりました。たとえば，ある子どもは絵本ラックの上の溝は，ビー玉が転がりやすいことを発見しました（写真 5-10）。また，高さがちょうど口の辺りに来るため，手で転がす以外に息を吹きかけて転がすような様子もありました（写真 5-11）。つまり，子どもたち

写真 5-11　絵本ラックの上でビー玉を吹
いてみる

出所：筆者撮影。

は，絵本ラックの上の溝に遊び環境としての価値を見出したわけです。

　こういった子どもの姿から，保育者は無意識のうちに遊びに境界を設けていたことに気づかされました。そして，保育者の想定している境界を超えて遊ぶときに子どもの個性が現れてくること，さらに境界を超えるための工夫によって，新たな環境の価値がつくられることを実感したのです。

(4) 写真投影法の意義と課題

　ここまで，写真投影法を使って一人ひとりの子どもの園環境に対する思いを知り，保育環境を改善することについて述べてきました。権利主体としての子どもという観点から写真投影法の意義として考えられるのは，写真を介して保育者との対話の機会が保障されることだと思います。

　先に述べたように，保育者が子どもに写真を撮ることをお願いすることで，子どもに園環境の価値づけを無理強いしてしまう側面があることは否定しません。そして，そういった視点からすれば，その子が撮った写真はその子の本当の思いを表しているのか，という疑問も生まれてきます。

　大切なのは，1回きりの写真でその子の理解を結論づけようとせず，日々の対話に移行することです。写真投影法を通して保育者が発見したことの多くは，普段あまり話さない子どもが「そんなことを考えていたのか」という驚きから来るものでした。その事実は，「日々の保育の中であの子の声を聴いてみたい」

という保育者の構えを促すものでした。

　事実，高松園舎で写真投影法をしたのは本事例の6月と12月の2回だけで，翌年もやってみたいと思っていた筆者に対して，保育者は次のように言いました。

　　「わざわざ写真を撮らなくても，日々の遊びの中で子どもの声が聴こえ
　　るようになってきた」

　これは，子どもたちの声に対する保育者の見方が変わったことを示唆しています。すなわち，この取り組みの前までは，「ああしたい，こうしたい」という保育者に向けた要望を子どもの声と捉えていました。しかし，こういった取り組みを通して，子どもの声は何気ない日常の一幕で生まれており，保育者の受けとりによって顕在化するものであることに気づいたのだろうと思います。

　子どもたちが自分の思いを表現する権利，つまり意見表明権は日々の保育で自然に行使されるものです。写真投影法は，保育者が子どもの声に価値があることを実感し，日々の保育の中で子どもの声を聴くこと，子どもが保育者のまなざしに気づき，日々の生活や遊びの中で感じている思いを素直に出すこと，その関係性を見直すきっかけとなります。

　そのための実践的な課題は，写真を撮ってきた子どもの話を聴くときに保育者の価値判断を加えないことでしょう。良い悪いはもちろんですが，正確な発言を促すことにも注意が必要です。子どもたちの中には，はっきりと理由が述べられなかったり，うまく言語化できなかったりする子どももいます。そういった場合，保育者としては，正確に理由を言ってほしくて，「こういうことかな？ああいうことかな？」と少し強引に言葉を引き出そうとすることもあると思います。

　写真投影法は，正確な事実を知ることを目的とするものではありません。後々の子どもの声を引き出す関係性をつくるものです。そのため，まずは子どもたちの声があふれるようになることを目指して，どんな子どもたちの言葉も「うんうん」「へぇー」と聴くだけで十分だと思います。また，保育者の予想は外れたほうが望ましいです。そのほうが，他の保育者と話がしたくなったり，その子どもの話をもっと聞いてみたいと思ったりして，対話する意識が生まれるか

らです。

　次の節では，子どもたちの声をもとに，保育者間の対話が生まれ，保育記録
が豊かになった事例を紹介します。

3. 子どもの世界をみんなで味わう

(1)「みてみてストーリー」のはじまり

「ラーニング・ストーリーをはじめようと思うんです」[*1]。

　藤認定こども園の先生からそうお話をうかがったのは，2019年の暮れの頃で
した。

　藤認定こども園は，三重県津市にある学校法人藤学園が運営するこども園で
す。まず，1982年に藤幼稚園が設置され，その後，2015年に，道路を一つ挟
んだすぐ隣の敷地に0・1・2歳児を対象とした藤保育園が新たに建てられ，幼
保連携型認定こども園となりました。

　自然豊かな環境で，園舎のすぐ近くには芝生広場，そしてちょうどよい大き
さの山があり，子どもたちは日頃からそこに行って登っては遊んでいます。こ
の山は危険のないように，保護者と園職員とで一緒に整備しており，最近はツ
リーハウスも手づくりされました。

　幼稚園の設立から約40年，藤認定こども園は，保護者や地域からの信頼も
厚く，その地に根付いています。そこでは，市民ホールでの発表会や運動会で
の鼓笛隊など，保護者から長年強く期待されている行事もあります。その中で，
これまで積み重ねてきたものを吟味しながら，「あたりまえ」を見直し続ける保
育実践を行っていきたい。保護者と日々の子どもの育ちを喜び合って一緒に保
育や子育てについて考えていける関係性を築きたい。そんな思いで取り組みた
いと着目されたのが，ラーニング・ストーリーでした。

　そこで，ラーニング・ストーリーに取り組んでいる園の実践を職員で読み合

---

*1　第5章第3節については，掲載している写真とストーリーは全て藤認定こども園に提供していただ
　　いたものである。

表 5-1　学びの構えの 5 領域

① 関心をもつ
② 熱中する
③ 困難ややったことがないことに立ち向かう
④ 他者とコミュニケーションをはかる
⑤ 自ら責任を担う

注）⑤は 0・1・2 歳児クラスでは除くことにした。
出所：Carr（2001=2013）。

表 5-2　保護者と共有したい 5 箇条

① ポジティブにとらえる
② たくさんの人と共有する
③ 未来の本人に向けてメッセージを書く
④ ひらがなで書く
⑤ 家族中で書く

注）⑤は 0・1・2 歳児クラスでは除くことにした。
出所：丸亀ひまわり保育園・松井（2018）。

う研修を 1 月から重ね，2020 年 4 月からさっそく藤保育園の 0・1・2 歳児クラスでラーニング・ストーリーを開始することになりました。そのスピード感は目を見張るものがあり，限られた時間の中で必要な話し合いが確実に重ねられました。まず，何を大切にしてストーリーを作成するのかを，ニュージーランドのラーニング・ストーリーにおける学びの構えの 5 領域（表 5-1）および丸亀ひまわり保育園・松井（2018）における「保護者と共有したい 5 箇条」（表 5-2）をもとに確認しました。中でも，特に大切にしたいこととして共有されたのは，①子どもの育ちを捉え子ども理解を深めること，②保護者と育ちを喜び合うこと，③子どもを宛先として肯定的に書くことでした。

　次に，ラーニング・ストーリーに園独自のネーミングをしようと意見を出し合い，「みてみて〇〇ちゃん／くん（子どもが普段呼ばれている愛称）ストーリー」となりました。子どもが「みてみて」と言いたくなるようなストーリーを。保護者も保育者も「みてみて」と言いたくなるようなストーリーを。子どもの育ちをみんなで「みて」喜び合うストーリーを。そんな思いが込められた素敵な名前が決まりました。

　そして，ファイルの選定や調達，各月のフォーマットの作成者の担当決め，どのように作成時間を捻出するのか，そのためにどのように業務の効率化を図るのかなど，具体的な話し合いが行われました。保育園で保育者がまとまった時間を確保することは難しい状況にあります。それでも午睡中と遅番保育中の時間の使い方を見直し，職員の動きを整理して，限られた時間を有効的に使う工夫を考えました。年度の途中からは午睡中の時間に午睡の見守りだけを担当してもらうパート職員を 1 名雇い，担任保育者が午睡中に話し合いに集中してス

図 5-1　初期のストーリー「さんりんしゃ　たのしいよ」

トーリーを作成するための工夫が行われました。[*2]

　新しいことをはじめるのは，大変なことです。毎月クラス全員分作成できる
だろうか。1年間続けられるだろうか。不安もあるけれど，やってみよう。そ
して一緒に考えてみよう。何より楽しもう。そんな明るい雰囲気の中で「みて
みてストーリー」ははじまりました（図5-1）。

(2) 写真を撮ることと保育をすること

　ストーリー作成に取り組む中で，最初につきあたった難しさの一つは，写真
を撮ることでした。保育中にカメラを構えることに慣れることがまず必要でし
た。そして，写真を撮ることを保育をすることといかに両立するのか，頭では
両方大事だとわかっていても，それを体得するのはとても難しいことでした。

　ある日，子どもが転びそうなときに，担任の保育者全員が他の子にカメラを
向けておりヒヤリとした，ということがありました。すぐに話し合いがもたれ，
子どもの安全確保と写真を撮ることの両立について難しく感じていることや，自
分たちのクラスではどうしているかなど，思いや考えが出し合われました。た
とえば写真を撮る保育者を少なくし，撮影を担当制にするのはどうかという意
見も出ました。話をしていく中で，それも一案であるが，やはり，子ども一人
ひとりと一緒に遊び，保育者も一緒に心を動かしながら撮影するプロセスを考
えると，写真担当になった保育者がただ撮影するというのは違うんじゃないか
という意見も出て，徐々にストーリーで大切にしたいことが見えてきました。そ
うした話し合いを折に触れて行う中で，3年間を通して，以下の3つのポイン
トが見えてきました。

　1. 保育実践の充実が，写真を撮りたくなるような子どものいきいきした姿や
　　育ちに繋がる。
　2. 子どもの育ちや興味関心を理解すると，見通しをもってカメラを構えられ
　　る。

---

*2　時間の確保は現在もなお取り組まれ続けている課題の一つ。

3. 保育者同士が連携して写真を撮る。

　1.に関して，まず何よりも重要なのは，ストーリーのために写真を撮影することが目的なのではなく，充実した生活の中で子どもたちがいきいきと育つための保育を行うことが目的であり，その子どもの姿を捉えるための一つのツールとして写真があるということです。これは当然のことなのですが，「ストーリーを作成しなければ」と気負うと，無意識のうちに逆転してしまいやすいところでもあります。そして，そこが逆転してしまうと「いかに写真を撮るか」だけに焦点を当てて考えてしまいやすくなります。そうではなく，いかに子どもの育ちと生活が充実する保育実践を行っていくかに焦点を当てることが，結果的に子どもの育ちを捉えて写真を撮ることにも繋がっていくのだということが見えてきました。

　この保育実践の充実において，2.の子どもの育ちや興味関心の理解が重要になってきます。それはストーリーを作成する目的の一つでもあり，子どもの育ちや興味関心を理解することで遊びや育ちのプロセスの可能性が見通せると，写真を撮る場面やタイミングも見通すことができます。そうすると，ずっとカメラを構えているのではなく，ここぞというときに撮影するポイントを絞れるようになります。もちろん，予想外の展開の可能性に開かれていることも重要ですが，それは待つべきものというよりも出合うものであり，おもしろさを含んだ予想外の展開に出合うのは，子どもの興味関心からはじまる遊びや探究をともにする保育を行ってこそであるといえるでしょう。そのことが結果として写真を撮るタイミングを捉えることにも通じるのです。

　そして，3.の保育者同士の連携については，自分が担当する子どもやクラスを越えて，できる限りお互いに写真を撮り合おうという意識が共有されました。ここで重要なことは2つあります。一つは，保育者全員で園の子どもを見ていこうという意識です。もちろん，クラスが違えばよくわからないこともあり，その子どもと過ごしている担任保育者のほうがその子の育ちや遊びを理解して写真を撮ることができます。そのため，実際には担任保育者が撮影することが多かったのですが，園の保育者みんなでどの子どものことも見ていこうとする意識をもつことが重要であったように思います。もう一つは，子どもだけではな

く，子どもとかかわる保育者の姿も含めて写真を撮ることが大切なのではないかという気づきです。ストーリー作成当初は子どもの姿のみを撮影していました。しかし，その子の笑顔の向こう側や傍らには必ず保育者がいます。そこで保育者は，子どもだけが写真に写るようにとつつましくフレームから外れることもありました。ですが，子どもの姿だけをフレーミングするのはかえって不自然ではないか，そして保育者がどんなふうに子どもとかかわっているかも含まれた写真のほうが保護者の方と子どもへのまなざしを共有できるのではないかという話になったのです。もちろん保育者がメインの写真を撮ることはありませんが，黒子や背景として保育者をフレームアウトさせるのではなく，むしろ大事なかかわり合いを写すという意識でお互いが子どもとかかわり合っている場面を撮り合うことになりました。そしてそれは，保育者同士が互いの保育観や大切にしたい子どもの姿を共有していくことにも繋がりました。

　現在，2020 年度からはじまったストーリー作成は 4 年目を終えようとしています。1 枚のストーリーに掲載する写真の枚数は格段に増えました。さらに，年に数回来てくれるプロのカメラマンが撮った写真よりも，保育者が撮った写真のほうが不思議と魅力的に感じられるという嬉しい変化もありました。もちろん，プロが撮る写真のほうが美しく，それもまた写真としては魅力的なのですが，そこに子どものストーリーが感じられるかどうかによって伝わるものが違うのです。ただ「かわいい」，「きれい」と感じられるような，子どもを「被写体」とする写真ではなく，子どもが何に関心をもち，何を楽しんでいて，いかにいきいきと生きているかを写した写真だからこそだと思います。

(3) 育ちを言葉にすること

　子どもの姿を捉えた写真にどのようなコメントを添えるのか，つまり子どもの姿をどのように意味づけ，そこでの子どもの経験や育ちを言語化するのかについても試行錯誤が重ねられました。思いはあるけれども言葉にならない，言葉にするとなんだか違う，つい説明が多くなって冗長になってしまうなど，さまざまな悩みが出てきました。

　そこで，まず見直したのはストーリーの作成方法でした。作成開始当初は，担

任間でその月に担当する子どもを割り振り，各自で作成し，それを主担任や管理職が確認し，添削をしたり話を聞いたりして修正するという方法で行っていました。その中で，一人で文章を作成する難しさやプレッシャーを感じたり，修正を施されることによって自信が揺らいだりするという声も出てきました。子どもの姿の記述に唯一の正解や間違いはありません。唯一の答えがないからこそ対話的に考えていくことが必要であり，複数人が読んで確認をし意見を交わすというプロセスはその一つといえます。しかしそれが自身の文章やそこに表れる保育者としての力量を評価されていると受けとめてしまいやすい構図になると，難しさが生じてきます。

　その難しさを感じはじめていた頃，2020年の春，コロナウイルス感染症対策のため初の緊急事態宣言が出され，休園中にオンラインで園と家庭を繋ぐなど，さまざまな対応が行われました。その後，夏休みにオンライン研修に複数の園職員で参加するために，パソコンをプロジェクターに繋いで手づくりのスクリーンに映し，全員で大きな画面を見ながら研修を受けるという体制も整えられていきました。

　この経験がストーリー作成にも活きました。ストーリーの作成はパソコンで行うため，必然的に一人の作業になりますが，このパソコンをプロジェクターに繋ぐことで，複数人で一緒にストーリーを見て編集することが可能になりました（写真5-12）。このことで，担当者が作成したものを担任保育者間で共有して一緒に読み，気になったことやこういう姿も大切なんじゃないかなど保育者の思いや考えを出し合って，その場で推敲してストーリーを完成させていくという対話的なスタイルが編み出されていったのです。それも担当者が必ずあらかじめ作成しておくという強い責任や縛りがある雰囲気ではなく，時間がなかったりなかなかいい文章が考えられなかったりして担当分が作成できていなかった場合には，その場でみんなで考えていこうという前向きな雰囲気で行われました。

　この対話的なプロセスで行われていたことをまとめると，以下の3つがありました。[*3]

---

*3　詳細は水津（2022）を参照のこと。

写真 5-12　ストーリー作成の様子

1. 子どもの経験のプロセスを感じ取り直す
2.「できた」,「じょうず」はなるべく控える
3. 大切にしたい子どもの育ちを焦点化する

　まず, 1.について, ストーリーを複数人で読むとき, 子どもの経験のプロセスを感じ取り直すことが生じていました。書き手になると, こんな子どもの姿が素敵だったという印象に残っている書きたい姿や結果から遡ってコメントを書きやすいのに対し, 読み手になると, その結果に至る前の過去の時点において「あんなこともあった」,「こんなこともあった」と複数の保育者が捉えたさまざまな子どもの姿が思い出され, 話をする中でそれらが挿し込まれていきました。そのことによってそこに至るまでのプロセスにおける子どもの姿のエピソードが厚くなっていき, それはその子どもの経験のプロセスを感じ取り直すことへと繋がっていきました。
　また, 2.については, 特に管理職である副園長が折に触れて投げかけた内容でした。「できた」や「じょうず」といった外側からの見えや評価にとどまるのではなく, それをいったん差し控えてそれ以外の言葉で子どもの育ちを表現しようとすることによって, たとえ何かができるようになった場面であっても, できるようになったことが子どもに何をもたらしたのか, それが子どもにとってどのような体験であり, そのときの子どもの思いはどのようなものであったのかなど, 子どもの内側からその経験を記述しようとすることに通じていました。

Before

```
なんだかたのしそう
ぼくがおしてあげる
"びゅーん びゅーん"
ぼくものってみよう
"すいすーい すいすーい"
のったらこんなにたのしいんだね。
あきらくん，じょうずにのれるようになった
ね。
かっこいいよ。
```

After

```
ぼくがおしてあげるー。
"びゅーん びゅーん"
おったのしいぞ！
ぼくものってみよう！
"すいすーい すいすーい"
やったー！
あきらくん のれたね！
せんせいはあきらくんのとくいそうなかおが
うれしかったよ。
```

図5-2　対話的なプロセスを経たコメントの変容

注）子どもの名前はすべて仮名。
出所：筆者作成。

たとえば図5-2のBeforeのコメントでは，「じょうずにのれるようになったね。かっこいいよ。」というところを，「じょうず」以外で表現するとしたらどうなるかを担任保育者で話し合いました。話をする中で，車にうまく乗れたとき，とても得意そうな顔をしていたことが思い出され，話に出ました。「それを書いたらいいやん！」ということで作成されたのがAfterのコメントです。「じょうず」や「かっこいい」といった外側からの見えや評価ではなく，子どものそのときの思いが表れた文章になりました。

　対話的なプロセスにおける1., 2.を通して，3.の大切にしたい子どもの育ちの焦点化は行われていきました。ここで重要であったのは，それが複数人の保育者で語り合う中で行われたということです。気兼ねない雰囲気の中で，喋り言葉で子どもの姿について気づいたことを具体的に出し合うことが，育ちの焦点化とその具体的な記述に繋がりやすいように思われました。思わず書いてしまいやすい，「できた」，「じょうず」ということばは，外側からの評価であるだけでなく，子どもの具体的な姿を「できる／できない」というものさしによって抽象化して捉えることばでもあります。その利便性の高さは，短い文章で子どもの姿を記述しようとするときについ多用しそうになることに通じているかもしれません。それに対して，「書く」よりもまず保育者同士で「喋る」ことは，短くまとめて集約しようとする前に，具体的なさまざまなエピソードやそれに関連した他の子どもの話などのまわり道を含んで分散的に記述の可能性を押し広げることに通じる点で，尚早な抽象化を迂回しながら大切にしたい育ちへ焦

点を絞っていく，具体的な方法の一つといえそうです。

　ストーリー開始 1 〜 2 年目は以上のような複数人でのコメントの作成が行われました。そして現在は，①ストーリーの作成の前にクラスの担任保育者が集まって今月のストーリーはどの場面（写真）にするかを選ぶ中で，その場面とそこで大切にしたい子どもの心の動きや育ちについて話し合って共有し，②保育者一人ひとりが担当する子どものストーリーを作成，③それをまたクラスの担任保育者で共有して変更を加え，④管理職に提出するというプロセスになってきています。ストーリーの作成の熟達に応じてそのプロセスは変わってきていますし，今後も実態に応じて工夫と変更がなされていくと思われますが，変わらないのは，保育者同士でまず「喋る」こと，そしてみんなでストーリーを仕上げているということです。たとえば，②で作成を担当する子どものストーリーの写真は必ずしもその保育者が撮影したものとは限りません。担任保育者全員でクラスの子どもたち全員の育ちや学びを捉えていった結果として，ストーリーは作成されています。

　さて，こうして作成されるようになっていったストーリーをここで 2 つ紹介します。

　まず，図 5-3 のストーリーについて，保育者はさやの状態を見て A ちゃんが「まめ」と思ったことに驚き，おもしろいと感じたそうです（このことについては，後日保育者間で話しているうちに，A ちゃんのお弁当にはよくインゲン豆が入っていることが関係しているのかも，という気づきも出てきました）。そこで保育者はさやを割り，中にさらに小さなまめがあることを紹介してみました。それを見て驚いた A ちゃんは，さやを割ることにぐっと夢中になり，さやの割れ目をよく見て，指先に力を込めて，何度もあれこれ指を動かしながら割っていきました。そして，割った後は，中のまめだけでなくさや

もボウルに入れるのです（写真 5-13）。この姿から保育者は，A ちゃんにとって，中のまめもさやも両方大事なんだということを感じたといいます。子どもの感性に出合い，惹かれ，お互いに触発し合ってともに遊び，それを通してさらに子どもの世界に近づき，その世界を味わっていく。そんな時間がこのス

写真5-13　A ちゃんが割っ
　　　　　たまめ

まめの あかちゃんを みつけたよ！！

5月
May

ここに たくさんあるよ！！

「せんせいみて！おまめあった！」って
うれしそうなＡちゃん
ほんとうだ！いいものを みつけたね どこにあったの？
「きて！こっち！」
きのしたまで せんせいの てをひいて
いっしょにいくと・・・
わー！いっぱいあるね！！
Ａちゃん みて！このなかに まめのあかちゃんが
たくさん はいって いるんだよ
「わー! ほんとだ！いっぱい はいってる♪ Ａも やるー！」
すわりこんでＡちゃんは まめとにらめっこ
「う～ん・・・できない～」
まめが かたくて なかなかむけないね
よーし！せんせいと いっしょに やってみよう！！
「Ａが する！！」って
ちいさいまめを ぎゅっともって すじの ところを ゆびさきで
「えいっ！」　ばかっ！　「わー！いっぱいだー♡」
うれしくて むちゅうで まめのあかちゃんを あつめたね

あかちゃんまめが たくさんとれて まめごはん をつくったね
「せんせいも たべて いいよ♪」
ありがとう とっても おいしいよ♡

おまめの あかちゃん
みーつけた！！

せんせい どうぞ！

おうちのかたから

図 5-3　ストーリー「まめの　あかちゃんを　みつけたよ!!」

トーリーには綴られているといえるでしょう。また，最後にまめごはんをつくって食べていますが，実はこのまめごはんをつくっている途中に片づけの時間がきていました。しかし，「このまめごはんだけはつくりたい！」という気持ちは，Aちゃんも保育者も，そして一緒に担任している他の保育者たちも同じでした。Aちゃんにとってのここでのまめごはんの価値が保育者間で共有されていたからこそ，Aちゃんの経験が保障されたのです。

　次に，図 5-4 のストーリーについて，Bちゃんの手元をよく見ていただくと，タオルを持っているのが見えると思います。Bちゃんは今年度入園してから，このタオルをずっと手に持ち続けていました。タオルを持っていれば落ち着いているので，そのまま持たせているほうが保育としては簡単かもしれません。もしくは，園生活に慣れてきたら手放すべきと考えて，タオルを持たないようにするためのかかわりを試みることもできるかもしれません。これらのような考え方もできますが，ここで保育者が心を注いでいたのは，タオルを持っていてもいいのかどうかではなく，Bちゃんにとってタオルが一番安心できるものというのは寂しい，タオルだけでなく安心できる場が増えてほしい，そのために思いきり「楽しい」「嬉しい」と思えることを見つけたい，ということでした。保育者はそんなBちゃんが「いっぽんばしこちょこちょ」にまえのめりになったことが嬉しくてとことん一緒に楽しんでおり，それを同じクラスの担任保育者が写真におさめています。Bちゃんへの思いを担任間で共有していたからこそ，この瞬間がBちゃんにとって大切な瞬間であると受けとめられ，それがBちゃんへの応答的なかかわりに通じると同時にストーリーとして綴られることにもなっていきました。そしてそのストーリーは，タオルを手放せたことに焦点を当てるのではなく，保育者や友達と楽しく遊んでいる姿や，保育者と信頼関係ができてきたことを表現したいという思いで作成されました。

　これらのストーリーを通して，見出されることを 2 点挙げます。一つは，いずれのストーリーも，子どもの世界を知ろうとする中で生まれてきたものであるということです。Aちゃんにとって「まめ」はどんなふうに感じられているのだろうか。Bちゃんが楽しいことや嬉しいことはどんなことなんだろうか。そうした子どもの世界を知ろうとするまなざしとかかわりの中で，Aちゃんのま

いっぽんば〜し こ〜ちょこちょ♪

せんせいと ともだちが
いっぽんばし こちょこちょをして あそんでいると
"なにしているの？" って やってきたね
せんせいが Bちゃんに
♪いっぽんば〜し こ〜ちょこちょ♪って　こちょこちょ〜！
「あはははは！！」くすぐったくて おおわらい！
「もういっかい！」

そこへ ともだちが やってきて
こんどは ともだちが Bちゃんの てで
♪いっぽんば〜し こ〜ちょこちょ♪
せんせいの うたに あわせて こちょこちょこちょちょ〜！
またまた おおわらいの Bちゃん！
Bちゃんが わらうと
ともだちも いっしょに おおわらい！

せんせいや ともだちと こちょこちょあそび たのしいね♡

くすぐった〜い！！

もういっかい！！

おうちのかたから

せんせいにも！
♪たたいて つねって〜♪

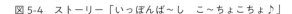

図 5-4　ストーリー「いっぽんば〜し　こ〜ちょこちょ♪」

めへの関心やＢちゃんのふれあい遊びを楽しむ姿が，その子にとって意味ある
経験として捉えられ，大切にされています。もう一つは，それが保育者間で共
有されていることが，その経験を保障することに繋がっているということです。
つまり，保育者みんなで一緒にストーリーをつくっていくことが，園やクラス
における子ども理解とそれに応じたかかわりに通じているのです。

(4) 子どもを「対象」ではなく「宛先」にするということ

　(1) で述べたように，「みてみてストーリー」は，ニュージーランドのラーニ
ング・ストーリーおよび丸亀ひまわり保育園・松井 (2018) を参考にして取り
組みはじめました。その際，そこで「保護者と共有したい 5 箇条」に，「未来の
本人に向けてメッセージを書く」ということがあったことから，それをそのま
ま取り入れて子どもを宛先として書くことになりました。これは保育者だけで
はなく，保護者も同様です。各月のストーリーには，保護者がコメントを寄せ
る欄も設けており，保護者にも毎月その欄に記入をしてファイルを戻してもらっ
ていますが，保護者には保育者に対する返事ではなく，子どもを宛先にメッセー
ジを書いてもらうようにしました。
　最初は「とにかくやってみよう」と子どもを宛先として書きはじめたのです
が，実際にそうしてみてわかったことが 2 つありました。一つは，子どもを宛
先にしたストーリーは，保育者が保護者に子どもの評価を伝え，保護者が保育
者のその評価に対して応答するという二者関係に閉じたものになることを避け
ることができるということです。そのような二者関係は，保育者が子どもを対
象とした評価を介してその保護者を評価し，そして保護者は評価されるととも
にその評価を通して保育者を評価するといった，互いを評価し合う対象とする
関係に陥る危険をはらんでいます。それに対して，保育者も保護者も子どもを
宛先にすることは，子どもをともにまなざす関係の構築に通じます。保育者の
子どもへの温かく肯定的なまなざしを保護者が知るとともに，保護者の子ども
へのまなざしを保育者が知る。互いのまなざしを共有することを重ねる中で，と
もに子どもの育ちを喜び合う関係が自ずと構築されていくように感じられまし
た。

　そしてもう一つは，子どもを思う時間のかけがえのなさです。保育者はもちろん，保護者がメッセージを書く時間は，子どものことだけを考える特別な時間です。家族みんながそれぞれメッセージを寄せていたり，A4用紙で作成されたストーリーの裏一面に娘とのおもしろいエピソードや愛を書き綴るお父さんがいたり，「文章は苦手なんや」と言いながら短くもていねいに書かれていたり，シールや写真，絵が追加されたりと，その量や書きぶりはもちろん一人ひとり異なりますが，共通しているのは，子どものことを思い，その子どもの体験や育ちに感じ入る時間が暮らしの中に生まれているということです。忙しなく生活する中でそれは貴重な時間であるでしょう。

　そして，それは子どもにとっても幸せなことです。ストーリーをはじめて3年目の冬，2歳児クラスのときにストーリーを受けとった4歳児クラスの保護者から「最近，過去のストーリーを見たいと言って見るようになったんです！」と嬉しい報告がありました。聞くと，下のきょうだいが毎月ストーリーをもらってくるタイミングで，自分の過去のストーリーも見たいと言うようになったとのことでした。そして，ストーリーを見る子どもの顔はとても誇らしげで，「みてみて」とそのときのことをまた話してくれるのだと，笑顔で話してくれました。ストーリーには，自分自身への愛情のこもったメッセージやその子の素敵な姿について記されています。それは自分が愛されていることや価値ある存在であることを直接的に感じることに通じるでしょう。またそれだけでなく，ストーリーからは自分が楽しかったことやおもしろいと思ったことに興味をもって一緒に味わってくれた人たちがいたのだという気配が感じられます。なぜならストーリーは，その子自身を対象として評価するというよりも，その子が何をおもしろがっているのかを捉え，それを価値あるものとして一緒に味わおうとするものであるからです。それは，「大好きだよ」と直接言われるよりも，むしろそうした言語化されえない深い部分で，自分が大切にされているのだという体感を重ねていくことに通じるのではないでしょうか。それは自信をもって自分の人生を生きていくうえでの，確かなよりどころとなるでしょう。

　一方で，「評価」に子ども本人が不在であるとき，その評価の対象は子どもの何ができていて，どこに問題があるのかになりやすく，特に後者に力点が置かれることが多くなります。それは子どもには見せられない評価になっているか

もしれません。子どもに見せられない評価が誰にとって何のために必要な評価なのかを今一度考える必要があります。たとえば，意識的に取り組んだ課題等へのフィードバックを本人自身が必要としていることはあるでしょう。しかし，園で子どもたちは，意識的に課題に取り組んでいるというよりも，この日このときを暮らしています。その中で，世界のおもしろさに出合い，思わずたっぷり遊ぶことを通して，さまざまなことを感じ，考え，結果としてそれが育ちや学びへも繋がっていきます。そのときに必要となるのは，自分を評価する人ではなく，自分の世界を一緒におもしろがってくれる人でしょう。

写真 5-14　子ども，保護者，保育者で一緒にストーリーを味わって

　子どもが何に関心をもって何をおもしろがっていて何を楽しんでいるのかを一緒にまなざし，ともに味わう。それが，子ども自身が自ら育とうとし，よく生きようとすることに繋がっていく。「みてみてストーリー」は，それが行われる場になってきています（写真 5-14）。

─────────────── **参考・引用文献** ───────────────

青山　誠(2020). 第 1 章 対話とは何か──子どもたちの対話から問い直す　青山　誠・久保健太　対話でほぐす 対話でつくる 明日からの保育チームづくり　フレーベル館, pp. 6-12.

Carr, M.（2001）. *Assessment in Early Childhood Settings: Learning Stories.* London: SAGE Publications.（カー, M.　大宮勇雄・鈴木佐喜子(訳)(2013). 保育の場で子どもの学びをアセスメントする──「学びの物語」アプローチの理論と実践　ひとなる書房）

Clark. A., & Moss, P. (2001). *Listening to young children: The mosaic approach.* London: National Children's Bureau Enterprises.

Clark. A., & Moss, P. (2011). *Listening to young children: The mosaic approach. Second Edition.* London: National Children's Bureau Enterprises.

Dahlberg, G., & Moss, P. (2005). *Ethics and politics in early childhood education.* London, New York: RoutledgeFalmer.

伊瀬玲奈(2018). 0.1.2 歳児保育　「あたりまえ」を見直したら保育はもっとよくなる！──足立区立園の保育の質が上がってきた理由　学研プラス

丸亀ひまわり保育園・松井剛太(2018). 子どもの育ちを保護者とともに喜び合う──ラーニングストーリー　はじめの一歩　ひとなる書房

松井剛太(2019). 子どもや保護者の声を聴く　発達, **158**, 20-25.

宮本雄太・秋田喜代美・辻谷真知子・宮田まり子(2016). 幼児の遊び場の認識──幼児による写真投

　　影法を用いて　乳幼児教育学研究, (25), 9-21.

モス, P.・佐藤　学(2020). 講演記録抄訳② レッジョ・エミリア再考　発達, **162**, 14-15.

水津幸恵(2023). 保育者の語り合いによる意味生成のプロセス――複数担任でのラーニングストーリーの作成方法に着目して　三重大学教育学部研究紀要, **74**(2), 305-313.

戸田雅美(2019). 遊びにおける「自己充実」再考　幼児教育じほう, **47**(2), 5-11.

植村結花・松井剛太(2017). 子どもの声を聴くことで支える遊びの展開――写真投影法の実践から　香川大学教育実践総合研究, (35), 15-26.

第 6 章

探究者たる子ども

1. 保育者とともに探究する子ども

　近年，「探究」という言葉を耳にすることが多くなったと思います。教育でいえば，2022年に高等学校で「総合的な学習の時間」が「総合的な探究の時間」に名称変更されました。保育においても，「子どもの主体性」，「科学する心」，「こども哲学」などとセットになって，子どもが答えのない問いを探究することの価値が高まっています。

　そうなってくると難しいもので，子どもに探究「させる」ことが目的になっている保育も散見されます。「疑問をもたせる」「何を調べるか考えさせる」「何がわかったか答えさせる」。このような表層的な探究に，子どもたちの学びの本質が現れてくるとは思えません。

　本節では，保育現場において，子どもが探究するとはどういうことなのか，さらに，子どもとともに探究する保育者の構えについて述べていきます。

(1) まじめな遊び

　佐伯は，「まじめな遊び」の特徴について，Wassermann（1992）を引用して，表6-1の5項目を示しています（佐伯, 2023）。

　この5項目は，皆さまがイメージしている探究活動と重なる部分が多いので

表6-1　「まじめな遊び」の特徴

遊びが「生成的」であること	「正しい」とされていること（正解）を得ることではなく、「だったら、どういうことになる？」という新たな問いを次々と生成していくこと
未知のリスクを伴うこと	「想定外」の不都合な結果（障害、困難、など）も生じ得ることを受容する（覚悟しておく）こと
「失敗」というものは存在しない	「正解、不正解」の判定をしない。「想定外」は新たなチャレンジと見なすこと
自律的であること	何をするか、どうするかは、自分（あるいは自分たち）で決めること
からだを動かすこと	「考える」より先に、まずやってみること

出所：佐伯（2023）。

はないでしょうか。ただし、大切なのは、あくまで「遊び」であるという点だと思います。

　何かを探究するのは、真剣さが伴います。しかし、そこに遊び心がなければ単なる活動になってしまいます。子どもたちは、探究することを目的にしていません。「ワクワクすることに心身を埋めてみたら、あら不思議、そこには探究が生じていました」というのが、子どもの探究の本質です。

　探究は、△△プロジェクトという形で表現されることが多いです。それが単なる活動の一環なのか、ワクワク感にあふれた経験なのかは、子どもたちの遊び心がどれだけ表れているのかを見ると判断できると思います。

(2) How to言葉をうたがう

　子どもたちが深層的な探究に身をもっていくためには、子どもたちの遊び心がくすぐられるような保育者のかかわりが求められるでしょう。そのとき、留意したいのは、「どうしたらいいと思う？」というHow to言葉を不用意に使っていないだろうかということです。

　以前、カナダの保育施設を訪問した際、保育者から聞いた話です。

　　子どもたちが主体的に探究するためには、従来のようなHow toの言葉かけではダメなんだ、それをWhat ifに換えていかないといけない。

　どういうことかと尋ねてみると、保育者がHow to言葉を使うときは、たいて

い用意された答えがあって，それに向かって誘導するような話しぶりになる場合が多いということでした。つまり，次のようなメタメッセージが含まれているということです。

> ほうほう，疑問をもったんだね。その答えを私は知っているんだけど，
> 教えられないな。あなたが一生懸命考えたら，きっと答えにたどり着
> けるはずだから考えてごらん。私はあなたに期待しているよ。

そして，想定していた答えと違うことが出されると，「ほんとにそれでいいのかな？」などと，柔らかく否定してしまうのです。

要するに，子どもたちがワクワクしながら考えるのを支える言葉ではなく，保育者の求めている答えを考えさせる言葉になってしまうことが多いのです。

それに対して，What if言葉は，「もし，○○だったらどうなるだろうね」というものです。この○○の部分は，先述した「遊びが生成的であること」の項目にある新たな問いを次々と生成していくことと同様です。ワクワクするような問いを保育者自身も生成する立場になるのです。

(3) 想定外をチャンスと捉える

子どもたちとともに問いを生成する立場になるためには，想定外の出来事をチャンスと捉える構えをもつことが重要になります。先立って述べておけば，第 6 章の第 2 節，第 3 節では，生き物をめぐる探究の事例を紹介します。どうやら，生き物と探究は相性がよいようで，多くの実践が報告されています（松山, 2022 など）。相性がよい理由は，いくつかあると思います。子どもたちが自身の生活と比較できて問いが生まれやすいこと，季節の移り変わりとともに生き物の様態が変わるため，周囲の環境との間で相互作用が起こりやすいこと，生と死があるため，プロジェクト化しやすいこと。ただ，最も大きな理由としては，予期せぬ出来事が起こりやすい（亀ヶ谷, 2022）ということでしょう。それを保育者がチャンスと思えるかどうかが鍵になります。

生き物をめぐっては，想定外がたくさん起こります。それに呼応する子どもたちからは，ますます保育者の想定外の声が聴こえてきます。そこに，保育者

の目的意識——たとえば，命の大切さを教えたいなど——が強くなると，その声を聴き逃すことが増えてしまうかもしれません。

　子どもたちの声に保育者の声を重ねてみる。保育者も答えを知らない，展開の読めないうねりのような状況に身を置いて，想定外をチャンスと捉えてみること。そうしてみると，子どもからも保育者からも次々と問いが生成されるかもしれません。

　子どもたちと保育者がともに探究を深めていくとは，保育が偶然の出来事とともに形作られていく過程とともにあるのではないでしょうか。

　このような背景をふまえ，第2節では香川大学教育学部附属幼稚園高松園舎，第3節では千葉明徳短期大学附属幼稚園による，子どもたちと保育者が生き物をめぐって展開する実践を紹介します。

2. チャボとともに

　香川大学教育学部附属幼稚園高松園舎では30年ほど前から，チャボや烏骨鶏等の鶏を飼育しています。しかし，動物や生き物全般，特に鳥類が苦手な筆者は，本園に赴任したとき，チャボがいることは知っていたものの，その姿をほとんど見ないまま一年を過ごしました。飼育小屋にいるチャボは雄か雌か，何羽いるのかさえ知りませんでした。

　そんな筆者が翌年，子どもたちがチャボの世話を任される5歳児クラスの担任になりました。そして，生まれたたまごをどうするのかの話し合いでの，一人の子どもの「温めよう」という声をきっかけに，チャボをめぐる物語がはじまったのです。

　筆者自身が知識ゼロからスタートし，問題にぶつかったり，調べたり悩んだりしながら，子どもとともに進んでいった日々の実践です。

(1) チャボのたまごとの出合い

エピソード1：もし，ひよこがいたら……

　5 歳児クラスになって，チャボの世話がはじまりました。世話をはじめて 5 日目の 4 月 13 日，1 個目のたまごが生まれ，A が見つけます。それを知った B は「誰が持って帰るん？　持って帰りたい」と言いました。

　翌日の帰りの集まりで，生まれたたまごを誰が持って帰るかを話し合いました。すると，C は「（たまごの中に）ひよこさんがいたらどうする？」と言います。その言葉に「そしたら食べるのはかわいそう」「でも食べたいな」「チャボが育てたらいいんじゃない？」「前，チャボ小屋の中でたまごが割れているのをみたよ」などさまざまな発言が飛び交いました。そして，D の「うめぐみさん（4 歳児クラス）のとき，チャボが 1 羽死んじゃったから，ひよこが生まれたらまた増えるよ」という言葉で，幼稚園で温めることに決まり，綿を敷いたケースにたまごを入れました。子どもたちには，週末に家庭で「たまごの温め方」や「いつひよこになるのか」を調べてみるよう声をかけました。

　降園時に保護者にもこのことを伝えると，E の母が「孵卵器が祖父宅にあるのでお貸ししましょうか」と声をかけてくれました。また，F の母には「今いるチャボは，雄と雌なんですか？」と聞かれましたが，私はわからず答えることができませんでした。

エピソード 2：孵卵ってこんなに大変なのか

　翌週の登園時，E の母が孵卵器を持ってきてくれました。そんな中，A が 2 個目のたまごを見つけ，「それも温めよう！」「ひよこが 2 羽生まれるんじゃない？」と子どもたちは大騒ぎになりました。そこで，登園直後の 9 時から緊急たまご会議を開きました。

　はじめに，それぞれが週末に家庭で調べてきたことを発表しました。F は「生まれるには 21 日かかるんだって」と言い，B は「1 日に 1 回たまごを回すんやって」，G は「温かくするんやって。

写真 6-1　ひよこ，うまれて
　　　　くるかな？
出所：高松園舎職員撮影。

ストーブみたいな機械があった」と言いました。H は母と一緒に有精卵と無精卵について調べてまとめていました。家庭で調べていない子どももいたので，子どもたちの前で園のパソコンを使って調べることもし，「たまごを温めるのは大変

> なこと」とわかったところで，孵卵器を紹介して，2個のたまごを入れ，温めはじめました（写真6-1）。

　生き物が苦手な筆者は，5歳児クラスの担任になって，一番困ったのがチャボの飼育でした。当初は，できるだけチャボとはかかわりたくないと，飼育について深く考えることはなくスタートしました。たまごについても，「例年，子どもたちが順番に家庭に持ち帰っていた」と聞いていたし，Bの「誰が持って帰るん？」も2学年上の兄が持って帰ったのを知っているうえでの言葉だったため，誰がどんな順番で持って帰るのかを相談したらいいくらいに思っていました。

　ところが，話し合いの結果，幼稚園で温めることになりました。これが，「たまごプロジェクト」のはじまりです。筆者は，子どもの「ああしたい」「こうしたい」という思いをできるだけ実現したいと思って保育をしています。子どもがそういった思いをもてるのは，自分の思いが実現した経験があるからこそだと思うからです。そのため，Cの「ひよこさんがいたらどうする？」の発言により，話し合って「温めよう」となったことに，筆者は生き物が苦手なことも忘れ「その思いを実現させたい，たまごを温めてみよう」と強く思いました。普段の話し合いで，29人の意見が一つにまとまることは難しいことも多いですが，このときは，誰も経験したことがない「たまごを温める」というプロジェクトに，わくわくしているクラスの雰囲気がありました。

(2)「たまご」が生活の一部になる

> ### エピソード3：筆者も真剣に向き合う
>
> 　子どもたちの前で綿を敷いたケースにたまごを入れた筆者は，当初たまごを孵すことに関して，何の知識もありませんでした。その日の夜，インターネットで調べると「たまごを孵すには，21日間，温度を37.5℃，湿度を50％前後に保ち，数時間おきに動かす必要がある」とわかり，自分の知識のなさを恥ずかしく思うと同時に，生き物が苦手なのにとんでもないことをはじめてしまったことに

気づきました。

　孵卵器がない場合は，水槽やひよこ電球，温湿計などが必要とわかり，週末にペットショップを回ると，1万円程度費用がかかることも知りました。たまごを孵すことは，植物の栽培のように，日に1〜2回水をあげて，時々肥料をあげたら実を結ぶとはいきません。そもそも有精卵なのかという問題もあります。無事孵ったとしても，生まれた直後のひよこは，生まれたての人間の赤ちゃんの世話と同じように，餌やり等の世話が必要です。筆者自身も知らないことやわからないことを，子どもたちとどう進めていったらいいのか，難しい問題もたくさんありそうでした。

　しかし，そんな経験こそ，子どもたちに印象に残り，学ぶこともたくさんあると思うし，観察する力や理解する力が育ってくる5歳児にとって，貴重な経験になると思いました。子どもの思いからはじまったとはいえ，自然や命について考える機会として，中途半端な実践にしてはいけないと覚悟を決め，孵卵器のスイッチを押しました。これからの過程で，うまくいかなかったり，問題が起きたりしても，その一つひとつをごまかすことなく，子どもたちと向き合い，一緒に考えていきたい。難しいことや悲しい現実に出合ったとしても，そのことを子どものわかる言葉で伝えていこうと思いました。

エピソード4：子どもたちの関心の高まり

　最初の数日は，孵卵器をのぞいたり，ひよこの誕生を楽しみにしたりする様子が見られましたが，1週間が経った頃からその熱はだんだんと冷めてきました。子どもたちの興味は続いているのだろうか，私だけが一生懸命になっているのではないだろうかと，「たまごプロジェクト」をはじめたことに迷う気持ちも生まれました。興味が続くような仕掛けやかかわりが必要なのだろうと思い，子どもがたまごやチャボの変化に気づけるよう，保育室にドキュメンテーションを掲示しました（写真6-2）。

写真6-2　「たまごをあたためることにしてね……」ドキュメンテーションを見ながら来園者に伝える子どもたち
出所：高松園舎職員撮影。

　それから数日，温度や湿度を一定に
するためのモーター音や，転卵の際に
機械が傾くときの音など，孵卵器の音
がする毎日が日常になってきました。子
どもたちは，孵卵器の中のたまごを見
たり，「21日経つまで，あと何日？」
と言ったりしています。温めはじめて
11日目，以前Hが「10日経った頃に
暗い所で光を当てて，半透明だったら

写真6-3　血管，見えるかな？
出所：高松園舎職員撮影。

ひよこは生まれないたまご，血管が見えたらひよこが生まれるたまご」と家庭で
調べてきていたので，実際にやってみます（写真6-3）。はっきりとはわかりませ
んが，血管は見えず，半透明のようでした。B，D，Fは「ひよこは生まれない
の？」と不安そうに言いました。筆者もはっきりとはわからず，確信はもてない
ので答えられず，温め続けることにしました。

　覚悟を決めて，「たまごプロジェクト」をスタートさせましたが，調べながら
さまざまなことを知っていくうちに，筆者は，本当にひよこが生まれたらどう
しよう……どうやって世話をしたらいいのかわからないし，怖いし大変そうと
不安になっていました。このときに，無精卵のようだとわかり，少しホッとし
た気持ちもありました。とはいえ，もしかしたらひよこが生まれるかもしれな
いと気になり，連休中にもかかわらず，数回たまごの様子を見に来て，チャボ
に餌をあげました（実際は，筆者は餌もあげられないほど苦手だったので，家族に
してもらいました）。そのとき，チャボが人の気配を感じてか，鳴き出した様子
は，餌をねだっているようでした。
　それ以降，休日に園に来たときにチャボの鳴き声が聞こえると，お腹すいて
いるのかな……餌をあげられなくてごめんね，と思うようになりました。それ
まで，チャボの鳴き声を意識したことはなく，鳴いていたかどうかの記憶さえ
なかった自分が，こんな風に思うようになるとは意外でした。そして，何事も
（良くも悪くも）一度意識するようになると，意識しないようにするのは難しい
もので，この頃を境にチャボの鳴き声を意識するようになっていきました。か
かわることで，チャボに対する意識が少し変わっていることを感じました。

(3) ひよこが生まれるたまごなのか考える

エピソード 5：チャボの雌雄を調べる

　21 日目は連休最終日の 5 月 7 日でしたが，たまごはピクリとも動かず，ひよこは生まれませんでした。無精卵だったようです。「なんで 21 日経ったのに，ひよこが生まれないの？」という子どもたちの疑問に答えるべく，『たまごとひよこ』（ミリセント・E・セルサム，竹山博／絵，松田道郎／訳，福音館書店，1972年）という絵本を読みました。生き物が

写真 6-4　ここを見てごらん，蹴爪がないね
出所：高松園舎職員撮影。

生まれるためには雄と雌が必要なことを，絵本を通して伝えました。そして，たまごからひよこが生まれるためには，幼稚園にいる 2 羽のチャボが雄と雌でなければならないが，それがわからないことを話しました。

　子どもたちと，おんどりとめんどりについて知っていることを話しました。筆者が「雌のチャボは，あんまり鳴かないんだって」と言うと，「いつも鳴いているから，雄じゃない？」とBたちが答えます。また，Eが「雄のチャボは，とさかが大きいよ」と言うと，「とさかはあるけれど，あれが大きいのか小さいのかはわからない」とGがつぶやきます。2 羽は雄か雌か，確信をもてる決め手がありませんでした。小学校の生活科や理科の先生に聞いてもわかりませんでしたが，「獣医さんならわかるのではないか」とアドバイスをもらいました。

　そこで，獣医をしている 4 歳児クラスの保護者に相談したところ，幼稚園のチャボは 2 羽とも雌であることがわかりました。雌雄を見分ける決め手は「蹴爪」であったようで，帰りの集まりで子どもへそのことをレクチャーしてもらいました（写真 6-4）。2 羽とも雌だと知ったBとⅠは「じゃあ，たまごを温めても，ひよこは生まれんってことやな……」と残念そうな表情でした。

エピソード 6：チャボの雄を探す

　チャボの雌雄について知った翌日，「幼稚園にいるチャボは雌と雌だから，こ

のたまごは温めてもひよこは生まれないね」と話し，孵卵器のスイッチを切って，たまごを孵卵器から出しました。

　私は「次のミッションは，雄のチャボか，ひよこが生まれるたまごが幼稚園に来るようにすることだね」と言いました。すると，Dは「ひよこが生まれるたまごがあっても，雄が生まれるかはわからないよ」，Cは「雄が来ても，結婚しなかったらたまごは生まれないよ」と，子どもなりに考えていることを話しました。それでも話題の中心は「雄のチャボはどこにいるか」ということになり，Jは，昨年度遠足で行った農場にウサギやブタがいたことから「チャボもいるんじゃない？」と言いました。

　そこで農場に問い合わせましたが，チャボはおらず，有力な情報を得られませんでした。農場にチャボはいないと知った子どもたちは，がっかりしつつも，次はどうするかを考えています。農場にいないとなれば，「ペットショップにいるんじゃない？」「チャボを飼っている他の幼稚園は？」「みんなでチャボがいる所へ行きたい！」「遠足の代わりに行ったらいいんじゃない？」と，たまごプロジェクトへの本気度が伝わってくる発言の数々がありました。

　園にいるチャボが2羽とも雌であることがわかりました。このままの状態ではひよこが生まれることはなく，「たまごプロジェクト」はここで終わりにすることもできました。しかし，子どもたちのたまごを温めてひよこに孵したいという気持ちは，簡単に消えそうにはありません。となると，次のミッションは「雄のチャボか，ひよこが生まれるたまごが園に来ること」です。しかし，子どもに先走ってこう言ってしまってよかったのか，言ったあとに迷いもありました。子どもと相談し，悩んだり，方法を考えたりしながら進めていきたいという思いと，少し大人がリードしてでも，経験することで得られるものはあるのではないかという思いの間で揺れました。残りの園生活はもう1年もなく，たまごを温めるのに21日，そこからひよこになって育てて……ということを考えると，焦りもありました。

　そんな中，Dは私の言葉に，「ひよこが生まれるたまごがあっても，雄が生まれるかはわからないよ」と言いました。筆者は，ひよこが生まれることをゴールにしていたので，ひよこの雌雄は全く気にしていませんでしたが，Dはその先のことまで考えていました。また，Cは「雄が来ても，結婚しなかったらた

まごは生まれないよ」と言いました。筆者も，雄が来ても有精卵が生まれると
は限らないと思っていましたが，そのことが子どもから出てきたことに驚きま
した。

　Cといえば，1つ目のたまごが生まれたときに「ひよこさんがいたらどうす
る？」と言い，クラスでたまごを温めるきっかけとなる一言を言った人です。幼
稚園で飼育しているチャボから生まれたたまごを，食べるものとしてではなく，
生命が誕生するものと捉えていました。そして生命の誕生について，いろいろ
考えているCだからこそ，雄が来てもたまご（有精卵）は生まれないかもしれ
ないという言葉が出たのだと思います。この言葉より，自然はプログラミング
された事象のように決めた通りに事が進むわけではないことにも改めて気づか
され，プロジェクトを通して，子どもたちに伝えていきたいことの一つだとも
思いました。

　つい，子どもに先走って筆者が言ってしまった「次のミッション」でしたが，
その一言をきっかけに，子どもから気づかされることがあり，そのことをクラ
スで共有もできました。「次のミッション」が，DやCからこのような思いを引
き出した一言なのだとすれば，大事なのはその一言を言ったか言わないかでは
なく，言った後の子どもの反応を保育者がていねいに読み取ったり，次に繋げ
たりすることなのかもしれません。

(4) 生命に触れる

エピソード7：たまごを食べる

　20日ぶりに，たまごが2個生まれまし
た。園にいるチャボは雌が2羽だと知っ
た後に生まれた，初めてのたまごです。帰
りのひとときで「これは，ひよこが生ま
れないたまごだね」ということを確認す
ると，「食べてみたい」との声がたくさん
あがりました。

　2日後のおやつに2個の卵を使ってパ

写真6-5　チャボのたまごでつくっ
たパンケーキ
出所：高松園舎職員撮影。

ンケーキを作って食べました。一口食
べて「おいしい！」「ふわふわ！」の言
葉とともに，Kは「チャボさん，ありが
とう」と言いました。4歳児クラスに
も届け，満足そうな笑顔がいっぱいの
おやつの時間になりました（写真6-5,
6-6）。

写真6-6　おいしい！　チャボさん，あ
　　　　りがとう!!
出所：高松園舎職員撮影。

エピソード8：雄がやってきた！

　数週後，園にいるチャボを譲ってくれた卒園
児の保護者に連絡をとり，雄のチャボを探して
いることを伝えると快く相談に乗ってくれて，
新たに雄1羽と雌2羽を譲り受けることがで
きました。今までの「碁石チャボ」とは種類が
違い「土佐地鶏」という種類で，まだ生後1か
月ほどの子どもの鶏でした。

写真6-7　雄がやってきた！
出所：高松園舎職員撮影。

　筆者が登園してきた子どもに「今日のお昼に雄が来るって！」と第一報を伝え
ると，後から登園してきた友達に「聞いて！　今日，雄が来るって！！」と次々
に伝える姿がありました。

　昼食後，土佐地鶏を連れた卒園児（中学生）が来たことを知ると，あっという
間にクラスみんながチャボ小屋の周りに集まりました。そして，卒園児の，土佐
地鶏がどこから来たのか，何羽来たのかという話にじっと耳を傾けていました。
いよいよ箱に入った土佐地鶏を見ることができると，目を輝かせながら箱をのぞ
き込み，「うわぁ！」と歓声をあげていました（写真6-7）。「（碁石チャボと）けん
かしないかな？」「はじめはすると思う」「しないよ，大丈夫！」と，子ども同士
でチャボと土佐地鶏のことを考えながら会話する姿もありました。「5羽になっ
たね。これから大切にお世話できる？」と聞くと，自信満々の表情で「うん！」
と返ってきました。

　本園で長く保育をしている保育者は，「動物が譲り受けられ，子どもたちの前に登場する場面に何度か立ち会っているけれど，今回ほどクラスみんなの意識が鶏に向き，喜んでいるのは初めてだ」と言いました。この土佐地鶏との出会いが，もし，まだチャボへの関心が高まっていない 4 月の出来事だったとすれば，このような反応はなかったと思います。実際，「たまごプロジェクト」がはじまる前，チャボに興味のある人は 4 歳児クラスのときから小屋を見に行ったり，世話をやってみたいと言ったりしていましたが，それはクラスの中の一部の子どもたちでしかありませんでした。子どもたちは，生まれたたまごを前にして温めようとなり，温めたが孵らず，ひよこが生まれるには雄が必要なことを知りますが，雄の鶏がどこにいるのかがわからないという経験をしました。そして，保育室には孵卵器やドキュメンテーションがあり，クラスの話題としてもチャボのことがよく出る中，程度の違いはあれ，一人ひとりがチャボに関心を寄せていたからこそ，みんなの意識が土佐地鶏に向き，その登場を喜んだのだろうと思います。チャボのことを思い生命を大切にすることへ繋がる姿だと思いました。

　卒園児が鶏を連れてきて，実際に質問したり触れ合ったりできる場があったことも貴重でした。初めて会う人ではありましたが，どこの誰かわからない人ではなく，自分たちと同じ園で大きくなった人だということは，子どもたちにとって身近な存在と感じられたようでした。積極的に話したり聞いたりしていて，その場はとても温かい雰囲気でした。子どもたちが「たまごプロジェクト」を通してかかわる人が，また一人増えました。

　大人が先回りしていたら，雄が早く手に入ったかもしれませんが，こういった経験や思いを得ることはありませんでした。子どもとともに，出合った問いを解決しながら「たまごプロジェクト」を進めていく重要性を感じました。

(5) 子どもの声を聴きながら探究するとは？

　生き物が苦手な筆者が，なぜ「チャボ」と真剣に向き合えたのでしょうか。それは，まぎれもなく，子どもたちが「やりたい」と言ったからです。子どもが興味，関心を抱いていることを出発点とし，さまざまな出来事について，子ど

もと心を揺らし，話し合い，決めながら進めることで，子どもとチャボ，そして筆者のかかわりは，より充実したものとなりました。

　亀ヶ谷は，保育の場における自然環境と子どもの育ちについて考える上で重要なこととして，「訪れた好機を逃さず丁寧にかかわっていくこと」「保育計画に偶然の事象を取り込めるゆとりや余白があること」「保育者も一人の仲間としてともに探究したり，子どもの経験が深まるように新たな方法を提案したりすること」の3点をあげています（亀ヶ谷, 2022）。これらをたまごプロジェクトと繋げて考えます。

　1点目の「訪れた好機を逃さず丁寧にかかわっていくこと」については，たまごの誕生，子どもから「温めよう」という考えが出たこと，保護者からの孵卵器の提供，1個目のたまごが無精卵，獣医による雌雄判別のレクチャー，卒園児に雄を譲ってもらった等，プロジェクトを進めるうえで，子どもの経験を深めるいくつもの好機がありました。

　そして，それらを保育の中で，逃さず取り上げるために必要だったのは，2点目の「保育計画に偶然の事象を取り込めるゆとりや余白があること」でした。行事や他の活動がありながらも，子どもの思いに添って遊ぶ時間を大切にしている本園の理念があるからこそ，上記の好機を逃さず，子どもの意見を聞きながら進めていくことができました。また，雄のチャボがどこにいるか時間をかけて考えることもできました。これらも，保育計画にゆとりや余白があってこそ可能になりました。それは，必ずしも「時間的なゆとり」だけでなく，保育者や子どもの「心のゆとり」もあると思います。

　3点目の「保育者も一人の仲間としてともに探究したり，子どもの経験が深まるように新たな方法を提案したりすること」については，当初，たまごを温めようと綿を敷いたケースに入れたり，雄と雌の判別ができなかったり，雄のチャボがどこにいるのかわからなかったりと，筆者のチャボに対する知識や経験は，子どもとさほど変わりませんでした。しかし，それが功を奏してか，子どもと一緒に悩んだり，調べたりすることができました。自分たちの力だけでは進まないこともありましたが，そういったときには保護者や同僚保育者の力も借りながら，新たな方法を提案していきました。

　筆者自身，この「たまごプロジェクト」は，新しいことを知ったり経験した

りすることがたくさんありました。今もワクワクしながら苦手なチャボと日々
向き合っています。まだまだ，プロジェクトは終わりません。

3. 声が形に繋がっていく「カマキリ研究所」

　ここでは，5 歳児の預かり保育を中心に展開した「カマキリ研究所」の実践
を通して，子どもたちの声をもとにした探究について考えます。約半年続いた
研究所の遊びを大きく「創設期」「展開期」「終結期」に分け，子どもの姿，保
育者のかかわりや意識について見ていきたいと思います。

　筆者が実践にかかわった認定こども園千葉明徳短期大学附属幼稚園は，2018
年に幼稚園型の認定こども園へ移行しました。1，2 歳児は 1 クラス各 15 名ず
つ，3 歳児が 4 クラス，4，5 歳児が 3 クラスずつ，各 20 〜 30 名在籍し，合計
約 290 人の園児が通う規模のこども園です。2020 年度より，預かり保育の枠を
3 〜 5 歳児合わせて合計 40 名へと拡大したため，2 号認定の幼児と合わせると，
時間帯によっては 90 名程の預かり保育が行われるようになりました。

(1) はじまりの声

　この年から 3 〜 5 歳児の預かり保育を担当することになった L 先生には，2 つ
の悩みがありました。1 つ目は，どのように預かりの時間の保育を展開してい
くかということです。預かり保育では，クラスとは異なり，毎日メンバーが変
わります。また，シフト制のため，自分がいない日や時間帯もあります。預か
り保育の子どもたちとどのような保育を展開していくか，そのあり方を模索し
ていました。

　2 つ目は，5 歳児の男の子たちが興味をもっていた虫へのかかわり方です。カ
ブトムシの世話をするけれど戦わせては弱らせてしまうことや，飼育ケースか
ら虫を出したままにして踏んでしまいそうになる姿などがありました。そして，
年中児にも同様の姿が出はじめたことで，悩みはさらに膨らむようになります。
子どもたちが，大好きだったカマキリのためにバッタをはじめとした生き物を
捕まえ，食べさせては喜んでいる場面がありました。虫とかかわっているけれ

ど，カマキリと遊んでいるというよりも，カマキリで遊んでいるようで，L先生としては迷いが生じたそうです。同僚に相談をし，時に，子どもたちと一緒に考える場面もつくりますが，明確な「何か」をつかみきれないまま夏が終わりを迎えようとしていました。

(2)「カマキリ研究所」創設期

①研究所の創設

> #### エピソード9：ふとした一言から
>
> 　9月に入ると，ますます虫が増えていきます。この日も子どもたちは，カマキリを捕まえていました。カマキリへの興味が長く続く子どもたちと葛藤するL先生の様子を見て，預かり保育の経験もあるM先生が「研究所でも，したらいいんじゃない」と，何気なくアイデアを出しました。「ああ！　やろっか！」「やろうよ！」と，その場にいた子どもたちも興味をもちます。
>
>
>
> 写真6-8　カマキリ研究所の看板
> 出所：千葉明徳短期大学附属幼稚園職員撮影。
>
> 　さっそく，看板をつくりたいと，用意した紙に文字を書くと「カマキリをつけないとね」と，生きているカマキリを垂直に紙の表面に摑まらせます（写真6-8）。平らな紙の表面であっても摑まることができると子どもたちは知っていたのです。子ども同士で所長，副所長を決めると，写真を撮って研究所に貼ってほしいとL先生にお願いに来ました。

　子どもたちのカマキリへの興味という内なる声と，保育を模索する保育者自身の内なる声，それを気遣う同僚の何気ない一言から3人の子どもをメンバーとしたカマキリ研究所が創設されました。漠然とした興味や葛藤が「カマキリ研究所」として輪郭や繋がりを帯びはじめます。

②子どもの声を聴いて，子どもと「場」を整える

　次の日，3人が書いた「カマキリ研究所」[*1]の看板と所長たちの写真が保育室に貼られている様子を見て，他の年長児も興味を示しました。数人が早速，研究所に入れてほしいと相談に来ます。所長たちは快く受け入れ，次の日には7人の研究員の写真が加わることになりました。誰が，どのようなことをしようとしているのか伝わることで，他の子へも興味が広がっていきます。看板をつくればいいというわけでは，もちろんありません。おもしろそうな場があることを，子ども同士に「見える化」していくことで，さまざまな子が研究所にかかわることができるきっかけとなりました。L先生が驚き，嬉しかったのは，いつもは友達の遊びを興味ありそうに見ることはあっても，大勢がいると輪に入ることをためらうNが，研究所に入れてほしいと自分から名乗り出たことでした。

エピソード10：**偶然できたスペース**

　預かり保育では，子育て支援の広場と同じ保育室を区分けして使っていました。研究所が発足した2日後，その子育て支援のスペースに，新しい仕切りパネルが届き，環境が構成し直されました。その際に，4畳弱のちょっとした空間が空き，研究所にちょうどいいのではと考えたL先生は，研究所の子どもたちに「引越ししない？」と提案をします。子どもたちの賛同とともに場所が改まると，自分たちでパズルマットや棚の物を移動させ，「鉛筆とセロハンテープが必要だ」「秤もいる」と，研究所が整備されました（写真6-9）。

写真6-9　カマキリ研究所（12月頃）
出所：筆者撮影。

　子どもたち自身も環境構成をする一員として，研究所の環境が整い，これ以降，研究所が閉じるまで，その場所を基点に遊びが続きました。クラスとは異

---

*1　遊びの中で平仮名書き，片仮名書きは時によって変わるため，以下の文章中では「カマキリ研究所」と統一して表記する。

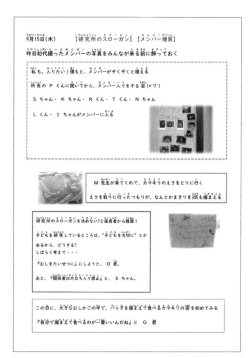

図 6-1　ドキュメンテーション記録
出所：千葉明徳短期大学附属幼稚園提供。

なる場所に集うこと，その場が継続的にあることで，安心して互いに声を出せることにも繋がっていたのかもしれません。

　研究所と子どもたちの遊びの様子を聞いた筆者は，写真を用いて，子どもの言ったことや出来事などをA4用紙1枚程度にまとめるドキュメンテーション記録の手法について L 先生に伝えました[*2]。L 先生は，写真と文字で日々の様子を記録しはじめ，その記録ができるたびに，「カマキリ新聞」として研究所の壁に貼ることにしました（図6-1）。

　子どもたちはこのドキュメンテーションに自分たちが写っていることや記録された先日の様子を嬉しそうに語り，次に何をしようかと，さらに興味が広がっ

---

*2　詳細は，大豆生田・おおえだ（2020）など参照。他にも書籍が出版されている。

ている様子がありました。子どもたち自身が，自ら発した「子どもの声」を聴けることが「場」を継続的に成立させていたもう一つの要因と考えられます。子どもたちは1号認定[*3]の子が降園する14時になると，預かり保育の部屋に移動します。部屋に着くなり研究所に入り，カマキリに会ったり，場を整えたり，先述のドキュメンテーションを見て何をしようか相談したり，ただゆったりしたりと思い思いに過ごしていました。ドキュメンテーションは，壁に貼ってあることで，数日いなかった子も，自分がいない日にどのようなことをしていたのか知ることができ，子ども同士で声を聴き合うことに一役買っていることも見えてきました。また，ドキュメンテーションを作成しはじめた当初は，その日の出来事を記録するものでした。しかし，途中からL先生の気づきや思いも記録に書くことで，「保育者の声」をL先生自身が整理し，大人同士でも声を聴き合うためのものに発展していきました。

③声を支え，拡げる「道具」

　カマキリ研究所では，虫眼鏡も必要だと子どもたちから園長に交渉し，購入してもらいました。また，iPadでカマキリについて調べようという，今の子どもたちならではともいえる案が出てきました。

エピソード11：**おもしろい名前**

　iPadの音声入力機能を使って「オオビロカマキリ，エサ」などのキーワード検索をすると，その結果にはカマキリについて説明するサイトだけでなく動画も出てきました。一つは，小学生の子どもが夏休みの自由研究を動画にしているものでした。年齢の近い子どもが動画を配信している様子を見て，自分たちも動画に出たいと声があがりま

写真6-10 研究員ネームの名札
出所：千葉明徳短期大学附属幼稚園職員撮影。

---

*3　幼稚園と保育所の機能をあわせもつ認定こども園は，保護者の就労状況等にかかわらず通うことができる。満3歳以上の幼児で，保護者の就労等によって保育を必要とする事由に該当しない場合は1号認定，該当する場合は2号認定となる。

す。そして，「むし岡さん」という虫の生態や飼育の仕方などを中心に動画を配信しているYouTuberにも出会いました。動画だけでなく「『むし岡さん』だって！」と，通称をおもしろがります。自分たちも研究所にいる間は名前を変えようと，「おおかまるせんせい（O）」「かまきり○○（その子の名前）」「おおかまこ（L先生）」などと，それぞれの研究員ネームができました。研究所にいる間は，名札をつけ，その名前で過ごします（写真6-10）。どんどんと出てくる研究所のアイデアに，この興味や遊びがどこにたどり着くのだろうとL先生はワクワクしながら子どもの声の実現を援助していきました。

　iPad等のICT機器は，保育の中での導入が進んできています。子どもたちの探究の様子を見て，預かり保育の時間でも子どもたちが自由に使えるiPadを1台設置しました。iPadをどのように遊びに活かすことができるのか，保育者自身も答えがわからない状況で，子どもと一緒に使ってみて，そこからどのような保育の可能性が広がるかを考えました。

　一方で，夕方の保育ではありましたが，L先生は，「何でもあり」にはしたくなかったそうです。子どもたちとiPadを使えるのは，「L先生がいるとき」，「カマキリの研究のために使う」という約束をしました。置き場所も子どもたちと相談して決めたそうです。ここから研究所の興味の対象には，カマキリそのものだけでなく，iPadという「道具」も加わりました。次の日から，音声入力で調べる人，写真を撮る人など，それぞれの興味にもとづいてiPadを使うようになります。

④子ども同士で声を聴き合う

　「カマキリ研究所」が，子どもたちの卒園まで閉鎖することなく続いたことには，参加していたメンバーの力も大きかったようです。アイデアが豊かで思い切りよく具体化していく所長のPと，生き物にも詳しく，一つずつていねいに向き合う副所長のO，一緒におもしろがるムードメーカーで2人とは異なる視点をもつ2人目の副所長のQ，アイデアを出し合いつつ，時には3人が揃わない日もあり，カマキリ研究所は多様な展開を見せます。また，L先生がいない日は，研究所が散らかっているという話から，場を整えることに役割を見出すR。絵を描くことが好きなN，Sは，研究所のロゴマークをデザインします（写

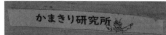

写真 6-11　研究所ロゴシール

出所：筆者撮影。

真6-11）。塵取りや霧吹きなどの道具に貼ることで，他の場所の道具と混ざらないように活用しました（10月3日[*4]）。どの研究員の子も，それぞれのもち味があります。所長，副所長が管理するというわけではなく，「いいね！　いいね！」と，互いのアイデアをおもしろがっていたそうです。

(3)「カマキリ研究所」展開期

①変化する声の聴こえ方

　研究所がはじまって，すぐに虫とのかかわり方が変わったわけではありません。研究所では，カマキリを捕まえてきては飼育ケースに入れ，世話をしたり，じっくり観察しながら「カマキリ，何種類」など気になったことを検索したりしていました。実は，死んでしまうカマキリも複数いました。

エピソード 12：生きていてほしい

---

*4　以下，（日付）の部分では，作成したドキュメンテーションを右のQRコードでたどることができる。

　ある3連休を前にして，カマキリの飼育ケースに餌をたくさん入れておこうと子ども同士で話していました。連休後，生きているか心配だったようで，久しぶりに登園したときにカマキリをすぐに見に行きました。生きていたことがわかると，その嬉しさをいろいろな先生に教えて回ります。「虫を大切にするってことがわかってきたよ。前はバトルさせてたけど」と，保育者にポツリと言うP。また，子どもの人数が少なくなっていく中，暗くなった窓の外をカマキリに見せているTがいました。保育者が聴くと「カマキリに外を見せてあげてる」と，寂し気な時間帯の自分の気持ちと重ねるようにして，カマキリの首をていねいに持っていました（9月26日）。

　ドキュメンテーションを書きながら，L先生は思うようになりました。カマキリに「生きていてほしい」という思いをもつことや，気持ちを重ねるように接する姿は，元から子どもたちにあったのではないか。それは，雑に虫を扱っている場面を見ると，どうしてもそこを切り取ってしまっていた保育者としての自分のものさしを疑う瞬間でもあったそうです。ドキュメンテーションを作成するという行為は，「子どもの声」に興味をもって耳を傾ける行為であると同時に，さまざまなことが起こる保育の中で，保育者がどの部分に焦点を当てて遊びの伴走をしようとするのかを選択する行為でもあります。できていないことを記録するのではなく，何を楽しんでいるのかを見ようとすることで，子どもたちの内面や可能性を肯定的に受けとめることを，より意識するようになってきたのかもしれません。

②子ども自身の世界の見方も変わっていく

エピソード13：様子がおかしい

　研究所には，カマキリ以外の生き物もいました。ある日，世話をしていたカエルのお腹が赤くなっていて，病気ではないかと騒ぎになりました。調べてみると皮膚の病気で，その原因はなんと「ストレス」だとわかり，雨上がりの園庭に逃がしてあげることにしました。子どもたちは，「ストレス」で病気になるということを初めて知ったようでした。カエルのお腹が赤いことに大騒ぎでしたが，「ストレス」にも興味が広がります（10月6日）。

　同じ頃に，年少組の担任から預かっていたカマキリが，弱ってきたことに気づ

きます。「なんで？！」「ストレスかも？！」と，実際に調べてみると，カマキリはストレスに弱く，ストレスによって寿命が短くなることを知ります。今度は「寿命って何？」と新たな疑問が出てきます（10月12日）。

生き物とのかかわりは，その生き物の生態について知る機会となるだけでなく，その生き物を取り囲む概念的なものにも関心が広がるきっかけを内包しています。「ストレス」や「寿命」の発見以降，子どもたちの遊びも少しずつ変わっていったそうです。虫を捕まえると，カゴに入れておくのではなく虫を放して，「おうちを教えて」と，虫の家までついていく遊びになることもあったり，餌だけでなく水を飲ませてあげようと飼育ケースに水場を用意したりしました（10月14日）。子どもたちにとっては変わらない「遊び」でありつつ，生き物の生態や生き物にとって心地よい環境についての探究もはじまったともいえます。

8日ぶりにカマキリを見つけて，みんなで育てようよといったときに，「触りすぎるとストレスで弱るよ」「弱るから逃がしてあげたほうがいいんじゃない」など，今までにはない，子どもたちの会話が聞かれました。結果として，ストレスを与えないようにしながら飼うことになりましたが，自分たちで探究する経験を経ることで，同じ「飼う」「お世話をする」という選択であっても，これまでのものと様子が異なることがわかります。未熟な部分はもちろんありますが，生き物への配慮など，子どもたち自らかかわり方を模索していました（10月20日）。

③「願い」という声の誕生と保育者の存在意義

ここで少し時間を戻して，「カマキリ研究所」とiPadがあることで芽生えた「子どもたちの願い」という声に注目して実践を取り上げます。

ある日，エサとなることがわかった魚肉ソーセージを食べる様子を，動画で撮りたいという声があがり，YouTubeみたいに動画を撮ってみたいとなりました。「しゃべる人」「撮る人」「合図を出す人」など自然に役割分担ができ「カマキリちゃんねる」にしようと満場一致でチャンネル名も決まりました（9月28・29日）。これを皮切りにこんなことをしたいという子どもたちからの願いが次々に生まれます。

エピソード 14：撮った動画を映してみたい

　撮った動画をテレビに繋いで映したいと，預かり保育の部屋のテレビに映してみることにしました。しかし，うまく映りません。接続の仕方をiPadで検索してみても対処法がわかりませんでした。そのようなとき，人に聞きにいくという昔からの方法に立ち戻るのか，子どもたちは機械に詳しいM先生に聞きにいきました。大きく映したいのならばと，ホールに移動し，M先生が接続方法を説明しながらiPadをプロジェクターに繋いでくれました。自分たちが撮った映像が大きなスクリーンに映ると子どもたちは大喜びでした。また，たまたま上映に居合わせた虫好きの年少児は，年長の姿にあこがれたのか，保育者の耳元で「はやく，大きくなるからね」とささやきます（10月17日）。

　見ることができなかったメンバーのために，次の日もプロジェクターで映したいと子どもたちは保育者に相談に来ます。前日のM先生の説明を思い出し，試行錯誤しながら，自分たちでiPadと配線を繋げると，撮った動画だけでなく，現在カメラに映っている映像が大きくスクリーンに映るということもわかり，さまざまに試して映像と機械で遊びはじめます。撮影してみて再生してみることで，声の大きさや話す内容の相談もはじまりました（10月18日）。

エピソード 15：映画にしたい

　大きな画面に映してみて，もっとおもしろい動画を撮りたい，映画にして小さいクラスに見せたいという声があがります。「もっと長くしないと映画にならない」と，副所長のO。映画上映に向けて，どのような動画を撮るか，どこで撮るかなど，子ども同士で相談をします。外へiPadを持ち出し，「クビキリギスを飛ばしてみよう」「虫のうちを探してみよう」と動画のタイトルを考え，自分たちが楽しんでいた遊びを撮影しはじめました。見る子が興味をもてるようにと工夫し，子ども同士でメンバー紹介をするなど，子どもたちが内面にもっていた考えがどんどん引き出されていきました（11月8日）。また，実際の映像を見てみると手振れがあり，視聴しにくいことに気づきます。手で持って走り回る撮影には限界がありました。ここで子どもたちから大人である保育者に撮影依頼が来ることで，保育者が初めてカメラを構えました。

　カマキリを軸に興味の枝葉はさまざまに広がりま
す。「カマキリ，何種類」と検索し，海外のカマキリ
について情報が出てくると（10 月 4 日），次の日，保
育者は海外にも興味が広がるかもしれないと地球儀
を保育室に持ってきました。しかし，子どもたちは，
さほど地球儀に興味を示しませんでした。また，実
物ではなく，折り紙でカマキリをつくりたいと，P
が家から折り紙のカマキリを持ってきた日もありま

写真 6-12　枝葉や木の実で
つくった虫
出所：筆者撮影。

した。その年の預かり保育では，子どもたちが普段はあまり興味を示さない折
り紙でしたが，その日は P を先生として囲んで，折り紙に興じました。生き物
が少なくなってきた冬には，枝葉や木の実で虫をつくったりもしました（写真
6-12）。

④ 「願い」の実現と，いくつもの保育者の思考の枠

エピソード 16：上映会の準備

　預かり保育の年中少児を招いて上映会をすることが決
まると，チラシづくりがはじまります。「こんな感じで，
日時があって」などと，地元の動物公園のチラシを見な
がら，どのような情報を盛り込むとわかりやすいか話し
合い，上映会の日時も決めました。その頃「お手紙屋さ
ん」をしていた子たちに，ポスターや案内図もつくって
もらいました（写真 6-13）。

写真 6-13　映画のポ
スター
出所：千葉明徳短期大
学附属幼稚園職員撮
影。

　研究所の U，V たちは，チケットを作成しました。大
人が想定していたのは，招待する子どもたちに事前にチ
ケットを渡し，上映会当日に受付でそのチケットを回収
する方法でした。しかし，実際に子どもたちがつくって
いたのは，来た人に受付で渡すためのチケットだったのです。

　ここで保育者は「チケット」の自分の考え方が枠にはまったものであったこ
とに気がつき，子どもたちが決めた方法でチケットを準備し，上映会当日に受

付でチケットを渡すことにしました。結果的に，この方法がとても良く，来場
した年少児たちは受付でチケットをもらえたことが嬉しそうでした。そして，こ
の方法を採ることで，急遽増えた参加者にも子どもたち自身で対応できたのです。

エピソード 17：上映会当日

　映画上映の当日（11月9日），保育者がしたことは，どの室内灯とスイッチが
連動するかを伝え，スクリーンを降ろして，マイクを用意しただけでした。場所
の設定や進行は全て子どもたちに任せました。椅子を並べ，チケット係，進行係
と分かれて進める子どもたちの様子にL先生自身も感動します。
　さらに驚いたことに，上映会が終わると出演者やスタッフである研究所のメン
バーがスクリーン横に並び，一言ずつ感想を話し出しました。ずっと映画をやり
たいと話していた副所長のOからは，「映画（の上映）ができて，涙が出るほど嬉
しかった」と達成感あふれる声がありました。さらにOが「将来は虫博士になり
たい」と伝えたことから，その後に話す子どもたちが，今度はそれぞれの将来の
夢を語りはじめました。話が長くなることで，年少児の中には興味が逸れる子も
いましたが，自分たちの考えを台本もなく，人前で言葉にする子どもの姿に，L
先生はぎりぎりまで様子を見守っていました。

---

⑤周囲を巻き込んで展開していく

　「早く大きくなるからね」と言った先述の年少児は，自分の所属する年少児ク
ラスで「むし研究所」を作りはじめました。担任のW先生は，L先生の「カマ
キリ新聞」（ドキュメンテーション）を真似して，写真と簡単な様子を書き添え
て，部屋に貼り出しました。L先生が「年少のZ組で研究所をしているんだっ
て」と研究所の子どもたちに話すと，見にいきたいとZ組の部屋に出向くこと
になりました（11月2日）。子どもたちからすると，自分たちの興味や遊びが，
外の世界に影響を与えていることを実感した場面です。そして，預かり保育の
時間での「子どもの声」を聴くという試みによって，保育者同士でも影響を与
え合い，保育を問い直した場面でもありました。

　またあるとき，命がつきてしまったカマキリをとっておきたいという声が子どもたちから出ました。子どもたちは，死んでしまったカマキリをセロハンテープで段ボールに固定してみましたが，次第にボロボロに崩れてしまう姿は，子どもにとっても保育者にとっても悲しいものでした。L 先生は，「願い」を実現させてあげたいものの，どうしていいか困り，同僚と相談の結果，元理科教員の理事長に会いにいくことになります（11 月 16 日）。

エピソード 18：理事長を訪ねて

　緊張しつつも「カマキリ研究所です」と理事長室に足を踏み入れる子どもたち（写真6-14）。標本づくりの相談をすると，天日干しにして，ストックバッグに入れておくという，年長でも手軽にできる方法を教えてもらいました。カマキリの天敵である小さな虫を見せもらったりもしました。そして，ぜひ研究所に来てくださいと子どもたちから理事長

写真 6-14　理事長室で質問
出所：千葉明徳短期大学附属幼稚園職員撮影。

を誘って帰りました（11 月 16 日）。数日後，今度は理事長が研究所に遊びにきてくれました。理事長を招く前に，散らかった研究所を見たTは「こんなところに理事長を呼べないよ」と，張りきって掃除をし，研究所を整えていました。遊びであり遊びでない，研究所の仕事のようでもありました（11 月 22 日）。

　「カマキリ研究所」では，さまざまな経験を伴いながら探究は進み，枝分かれしながら経験同士も関係し合います（図 6-2）。
　図に整理したように，実践の中で，探究に繋がる子どもたちの声がカマキリ研究所で聴こえてきます。しかし，探究がはじめから成立したわけではなく「探究の声」を支える，あるいは推進力となるような「願いの声」があることも見えてきました。「願いの声」とは，カマキリを飼いたい，iPadを使って撮影し，映画を上映したいといった子どもたちの中から出てきたもの，まさに「いいことを思いついた」と偶然生じたものです。その願いの声を形にし，実現させていくために，カマキリは何を食べ，どうしたら長生きするのか，「寿命」とは何

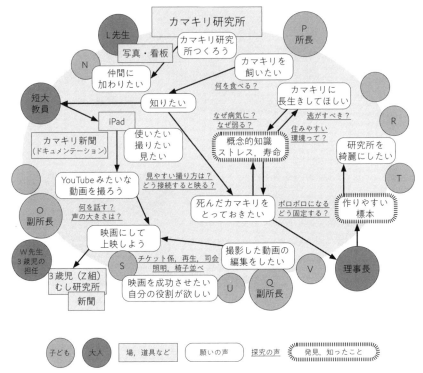

図 6-2　行き来する子どもの声と周囲も巻き込む保育の展開

出所：筆者作成。

か，あるいは見る人が見やすい撮り方や声の大きさとは，などと問いが立ち上がり「探究の声」となっていく様子が見られました。

　一方で探究は，さまざまな子どもや大人がかかわり合うことで展開します。願いも多様で，知りたい，仲間に加わって自分も役に立ちたいといったさまざまな声があります。そのため「願いの声」から「探究の声」といった一方向的なものではなく，図のように多様に絡まり合ったものであることが考えられます。

　子どもたちの声を聴くことは，保育を問い直すことや次の保育を考えるきっかけになります。保育者が子どもの声に気づくかどうか，そして全てに応えることは難しい保育の中で，どの部分に焦点を当てるのかが問われ，その瞬間ご

との判断が求められます。そして探究は，充実していくおもしろさと同時にどのように終えるかということも問われます。

(4) 研究所の終結期

①続きながら変わる

> **エピソード 19：所長の交代**
>
> 　寒くなり虫が少なくなってくると，研究所以外での遊びにも興味が広がる子が増えていきました。カマキリ研究所への責任をもちながら葛藤していた所長は「所長を交代しようと思っている。普通の人になりたい」と保育者に相談に来ました（11月28日）。皆に話すと「所長したい」「私も」と交代の話し合いになります。「それなら，1年交代にしようよ」と話がまとまりかけたときは，1年後は卒園していることを保育者が伝え，1か月で交代しようということになりました。そこから1か月ごとに交代しますが，3月になると最後の交代だということで，再びまとまりません。紆余曲折あり「課長」「社長」「リーダー」と複数の役職をそれぞれが選び，納得に至ります（3月1日）。

　大人のものさしによっては，リーダーは一人であり，複数人が名乗り出た役職名だけの肩書きには意味がないと感じる側面があるかもしれません。保育者によって判断が分かれる場面でもあるでしょう。L先生は，役職名をおもしろがる子どもたちをそのまま受けとめました。先述のように，「カマキリ研究所」は所長がさまざまなことを決めるのではなく，個々に役割を見出しつつ，互いに「いいね！」と遊びをつくり出す，それぞれが主体である組織でした。そのときに，所長が誰かであることよりも，その組織の一員として責任を担っている実感が重要だったのかもしれません。

②研究所を引き継ぐのか閉じるのか

　年度末を迎え「カマキリ研究所」を次年度の子たちに引き継ぐのかについて，子どもたちと保育者は悩んでいました。研究所の続きをしたいという年中児の声に対して，年長児の数人から真似してほしくないという声も出てきました。次

年度に引き継ぐことを想定していた保育者は戸惑いますが,「カマキリ研究所」は,年長児の預かり保育メンバーを中心としていて,彼らにとってアイデンティティの一部にもなっていることが感じられました。

　小学生になっても遊びに帰ってくるから,そのままのスペースを取っておいてほしいという意見もありましたが,最後の日までにやりたいことを話す中で,研究所を閉じて片づけるということに決まりました。最後の日までにしたいこととして挙がったことは,みなで研究所の写真を撮って,それぞれ思い出のものを自宅に持ち帰ること,最後の映画上映会をすることでした。L先生は,これらを文字に書いて貼り出しました。そのままでは消えていってしまうことも考えられる子どもたちの声を形にし,立ち戻れるようにしました。子どもたちとL先生が選んだ最後の上映の日は3月29日で,L先生は,園長に掛け合う役割を担います。

　最後の上映会でも,会場の椅子並べからチケット係,再生などの操作係,司会係と分担して子どもたちが進めました。年中少児の預かり保育の子,理事長や短大の教員,新年度の準備をしていた他のクラスの保育者などと,多くのお客さんが来てくれることにもなりました。大人からすると「もっとこうすればスムーズなのに」と思う場面は,もちろんありましたが,一生懸命な子どもたちを受けとめる雰囲気が会場にはあふれ,できあがった作品に驚かされる場面では,歓声もあがります。大人が興味をもってくれることを喜んだり,歓声を聞いて客席を見渡す子たちの姿も印象的でした。ここで,子どもたちがつくった動画の一部を紹介します。[*5]

> **エピソード 20：終えるということ**
>
> 　遊びきった子どもたちは,研究所を片づけ,それぞれほしいものを持ち帰りま

---

*5　QRコードを参照のこと。

動画「カマキリチャンネル」

動画「撮影風景」

動画「予告編」

す。持ち帰りたいものにカマキリ新聞（ドキュメンテーション）を選ぶ子や，看板「カマキリけんきゅうじょ」の中の「け」といった一文字を選ぶ子もいました。最後まで掃除をしていたのは O，P，Q でした。片づけを終え，颯爽と次の遊びに興じる子たちの一方で，少し寂しそうなのは，むしろ保育者と迎えにきた保護者でした。次の日（3 月 30 日）に筆者が訪ねると，研究所のあった場所は，好きな遊びをする場となっていました。年中少児の様子を見にきた P は「あそび研究所になってるね」と一言だけ呟くと，別の場所での遊びに戻っていきました。

　研究所を閉じた子どもたちの内面にはどのような声があるのでしょうか。PやO，Qへ，研究所を閉じた今，どのような気持ちか直接は聞かず，この本へ「カマキリ研究所」を掲載する許可をもらい，取材を終えました。

(5)　子どもの声をおもしろがること

　子どもたちは，時に想像もしていなかった展開を見せてくれます。これは，子どもや，保育にかかわることの醍醐味の一つともいえるのではないでしょうか。継続的な「場」としての環境構成，子どもたちから必要性を訴えた新たな「道具」，多様な立場の人とのかかわり，ドキュメンテーション記録といった諸々がおもしろさを加速させていたことも見えてきました。そして，子どもたちはどのようなことをしたいのだろう，明日どうするのだろうと，保育者が彼らと伴走することができたのは，保育者自身も一人の仲間として探究に加わり，おもしろがっていたことが大きいでしょう。

　そして夕方の預かりの時間の保育を模索していたことも一つかもしれません。L先生や同僚の保育者が話す中で，日中の保育でも「カマキリ研究所」のような子どもの興味をベースとした継続的な遊びや探究を，改めて大事にしていきたいという声があがりました。それぞれの時期の保育計画や 1 学年 3 クラス同士での連携を図りながら，子どもとともに探究していく姿勢を意識したそうです。子どもたちの遊びの展開や変化のタイミングは，それぞれです。前節で触れられた「訪れた好機を逃さず丁寧にかかわっていくこと」「保育計画に偶然の事象を取り込めるゆとりや余白があること」「保育者も一人の仲間としてともに

探究したり，子どもの経験が深まるように新たな方法を提案したりすること」
（亀ヶ谷, 2022）は，このカマキリ研究所の実践においても通じるところがあり
ます。想定外のことをチャンスと捉え，具体的にどのようなかかわりが考えら
れるのか，L先生やM先生，W先生のように保育者同士でも互いにおもしろが
りながら子どもの声を聴くという姿勢が広がっている様子を感じました。

──────────── 参考・引用文献 ────────────

亀ヶ谷元讓(2022). 保育の場における自然環境──身近な生き物との出会いから　発達, 171, 23-29.
松山洋平(2022). 主体的な遊びや探究を支える屋外の環境構成の取り組み──屋上テラス園庭での実
　　践における子どもの遊びと保育者の変容　発達, 171, 16-22.
大豆生田啓友・おおえだけいこ(2020). 日本版保育ドキュメンテーションのすすめ　小学館
佐伯　胖(2023). 子どもの遊びを考える──「いいこと思いついた！」から見えてくること　北大路書房,
　　pp. 174-175.
Wassermann, S.（1992）. Serious play in the classroom: How messing around can win you the Nobel
　　Prize. *Childhood Education*, **68**(3), 133-139.

第7章

創造者たる子ども

1. 保育者とともに活動を創造する子ども

　保育者は，自覚的，あるいは無自覚に，既存の文化から影響を受けています。文化に染まりきっていない子どもの声は，保育者の知識，経験や価値観にもとづく想定を超えることがあります。そのとき，子どもの声を尊重しようとしながらも，既存の文化をなぞる，予定調和な保育となることがあります。一方で，想定を超えた子どもの姿が保育者や園を変えることもあります。

　子どもの創造的な姿は，日々の小さな積み重ねによって表れます。乳児期から声を尊重された子どもは，自身の声の価値を知っています。自身の声の価値を知っている子どもたちは必然的に感化し合います。そして，関係性の中で変容する子ども集団の声のダイナミズムは保育者を困惑させたり，魅了したりします。本章では，子ども集団の声を反映した園行事のプロセスと，子どもの創造性の根底を支える乳児保育について考えていきます。

(1) 潜在的支配をされる子どもと保育者

　保育者が子どもの声を聴くとき，社会構造を注視する必要があります。子どもに与えられる環境や選択肢は保育者が用意したものであり，保育者は構造的な支配者といえます。ですが，保育者に全てを帰責することはできません。な

ぜなら保育者も支配されているからです。文化的影響を受けた知識や経験は内面化して私たちを支配します。これらは無形であり，自身が何に支配されているのかは自覚しにくく，潜在的支配といえるでしょう。これをふまえると，子どもの声を聴くということについて注意深く考えなければなりません。

　たとえば，端午の節句に際して，こいのぼりの製作をするとしましょう。保育者が事前に形を切り取ったパーツを用いてお手本通りにつくることに対して，「子どもの声を聴いたといえるだろうか」と考える保育者は少なくないでしょう。では「どんなこいのぼりをつくりたい？」と子どもに問いかけ，多様な素材を用いて各人各様に表現すれば子どもの声を聴いたといえるのでしょうか。そもそも，なぜ，何のためにこいのぼりを製作するのかを問わず，いつの間にか生成されたパターンである「あたりまえ」に保育者が捉われている場合，保育者が尊重しようとする子どもの声は限定的となります。

　潜在的支配をされた保育者の「子どものため」にもとづく行為は，既存の文化へ，その是非を問わずに子どもを巻き込みます。知識，技術や経験は時に子どもの声を聴くことの足かせとなります。ですから，子どもの声を尊重しようとするならば，私たちは自身を支配している何かに目を向けなければなりません。

(2) 支配から創造へ

　保育者が潜在的支配をされると，子どもの声への敏感さが低下します。すると，とりわけ言語以外の表現は見落とされやすくなります。乳児の給食場面で考えてみます。子どもは生活と遊びを分断しません。生活の中に遊びを発見し，表現します。たとえば，食べ物の手触りは子どもにとって発見の宝庫でしょう。ですが，その発見は「しつけ」によって台無しにされてしまうかもしれません。食べ物をいつまでも口に運ばずに手触りから発見をしていると，「早く食べようね」と促されます。保育者として安全や衛生への配慮は必須ですし，マナーも無視できないでしょう。ただ，「そうなってしまう」子どもの表現に対して，大人の価値基準で評価して反応する前に，子どもの表現を事実として受けとることはできるはずです。生活リズムの安定や十分な栄養という「子どものため」

がパターン化すれば「こなす」「まわす」保育に陥り，目の前の子どもの声を聴き逃します。そして，「子どものため」だったはずが，「食べてくれない」などの大人都合の評価にすり替わるのです。

　また，潜在的支配が強まるのが行事のような節目のときです。行事は「当日」や「本番」があるため，日常の保育よりも時間的，空間的な制約が大きくなります。保育者が想定する姿へ「仕上げよう」とすれば，行事のプロセスには支配がちりばめられます。また，保護者がかかわる行事の場合，そのような保育を保護者に呈すことで，保護者の子どもへのまなざしは出来栄えに縛られていきます。そうして，子どもの出来栄えを求める保護者とそれに応える保育者という悪循環がもたらされ，子どもを見る「ものさし」は固定化されます。

　保育は「子どもにとって」どのような意味があるのでしょうか。子どもの声を置き去りにした保育はパターン化します。そして，あらかじめ用意された枠組みの中で「今日は何する？」「今年はどうする？」と，コンテンツを模索するにとどまります。「子どもにとって」を追求し，全ての声を尊重しようとすると「あちら立てればこちらが立たぬ」と葛藤が生じます。ですが，それは支配から創造への転換の契機となりえるはずです。

(3) 子どもと保育者が生きる保育

　年齢，クラスや例年通りの枠組みに捉われた保育は，いつまでも表層をなぞるだけで，子どもも保育者も存在が透明化してしまいます。この状況から脱却するには，目の前の子どもの小さな声を聴くしかありません。どのような構造下であろうとも，潜在的支配からの解放をもたらす小さな声が必ずあります。そして，本来，保育者はその声に惹きつけられるはずです。

　大塚は「遊びを育てる」と表現しています（大塚, 1979）。劇遊びを例にとり「大人がつくった脚本があって，その筋書通りに子どもが動いていくのでは遊びを育てることにはならない。子どもが生きてこない」と述べています。そして，遊びへの「多面的な参加」を重視し，そこには「子どもと保育者が一緒になってつくる営みがある」としています。これは劇遊びという具体的な活動だけではなく，保育そのものを表していると思います。

　子どもも保育者も自分らしく生活や遊び，活動に参加することで，自分が生きるのです。それによって，既存の文化へ飲み込まれるのではなく，新しい文化を創造します。子どもの声が私たちを支配から解放し，よりよい文化の創造をもたらすと信じています。

2. 行事における創造性

　園行事は園の全ての子どもたちが同じ時間と空間を共有するという点において日常の保育とは異なります。同じ時空間における一人ひとりの子どもの心地よい参加にはどのようなプロセスがあるのでしょうか。それは，単に各人各様であればよいということではありません。そのとき，その集団だからこそのダイナミズムがなければ「あたりまえ」による支配が忍び寄ります。子どもに選択肢が用意されているだけの，アラカルトな状態では集団のダイナミズムは生じません。多様な声が感化し合い，融合していくことで創造的な姿が現れます。この節では，子どもの声を反映した園行事について2園の取り組みを紹介します。1園目は日常的な多面的参加，2園目は子ども集団の世界観の尊重が全ての人の心地よい参加の足がかりであることを教えてくれます。

(1) 日常的な多面的参加がもたらす園行事

　一人の子どもの遊びが園行事へと発展した，広島県福山市にある学校法人鯉城学園福山りじょう幼稚園の実践を紹介します。福山りじょう幼稚園は1977年に開園し，「園児たちの『生きる力』『他者への思いやり』『誠実さ』を育てる」を理念としています。2020年に幼保連携型認定こども園へ移行し，0歳児クラスから5歳児クラスまでの定員は199名となりました。福山りじょう幼稚園と筆者は，広島県私立幼稚園連盟が主催する教育実践研究会で出会いました。教育実践研究会では，1，2か月に一度，広島県内の私立幼稚園の保育者が集い，保育について語り合います。出会った当初，他の園も含めて保育者が語る悩みや困りごとの多くは，保育者が園の固定化された文化に染まっていること，つまり潜在的支配によるものに思えました。そこで，潜在的支配による保育を「私

たちの保育実践あるある」と名づけ，SICS（Self-assessment Instrument for Care Settings）[*1] を用いて振り返ることにしました。

①安心度と夢中度による保育の評価

　教育実践研究会に参加した保育者らはSICSの視点で保育を振り返り，「子どもの声を聴く」ことの重要性に気づきました。そして，「子どもの声を聴く」ことによる子どもや保育者自身の変化を検討しました（濱田ら，2021）。子どもの変化について，個人レベルでは子どもの表情が豊かになり，自分らしさを表現するようになりました。クラス集団レベルでは寛容的風土が醸成されました。そして，保育者は「〜べき」という潜在的支配から解放され，保育を楽しむようになりました。

　その頃，福山りじょう幼稚園ではカリキュラムの見直しを検討していました。そこで，教育実践研究会で得たSICSの視点を活用してみることにしました。具体的には，SICSの視点でエピソード記録を作成し，少なくとも月に2回は園全体でカンファレンスを実施しました。すると，次第に保育者は心からの関心をもって子どもの姿を見るようになったそうです。そして，「前はこうだった」に引っ張られるのではなく，子どもの姿から保育を組み立てるカリキュラムへと変化しました。ここでは，カリキュラムを見直した翌年の取り組みをご紹介します。保育者が「〜べき」という思考に縛られていたことをふまえて読んでいただくと，この取り組みが福山りじょう幼稚園の子どもや保育者にとって大きな意味をもつことが伝わるはずです。

②テラスライブがクリスマスライブへ

　ある年の夏頃，5歳児クラスの担任のA先生から，一人の子どもの姿からはじまった遊びが，園全体の遊びへと発展した様子が紹介されました。

---

*1　SICSとは，子どもの状態に焦点を当てた保育の評価スケールである（秋田ら，2010）。ここでは理念や方法は割愛するが，SICSは子どもがどれだけ心地よく過ごしているかを捉える「安心度（Wellbeing）」と，子どもがどれだけ活動に没頭しているかを見る「夢中度（Involvement）」の2つの視点に着目する。保育者の期待や都合ではなく，子どもの「今，ここ」に寄り添うという点で，子どもの立場に立った評価だといえる。

写真 7-1　テラスライブの準備中
出所：福山りじょう幼稚園撮影。

写真 7-2　テラスライブの
看板
出所：福山りじょう幼稚園撮影。

　きっかけは 6 月，5 歳児クラスがテラスで遊んでいたときに，一人の子が長い紙管をスタンドマイクに見立てて歌ったことです。それを見た他児が廃材でギターをつくり，2 人はライブをはじめます。その日から，テラスライブが行われるようになりました。日毎に演者が増え，観客が集まりはじめます。観客の子どもたちは廃材で自分のベンチやカメラ，双眼鏡をつくって参加します。また，スタッフをする子どもが現れ，チケットを作成して園内に配って歩きます。テラスライブは給食後の開催が定着し，さまざまな年齢，クラスの子どもたちが自分の参加したい方法で集う姿が日常的な風景となりました（写真 7-1，7-2）。

　一人の子どもの姿が次々に伝染し，園全体の遊びとなった要所は，多面的参加にあると思います。参加するか否か，どのように参加するかを園の全ての子どもが選択できることで，数か月も継続する園全体の一つの遊びとなっています。このテラスライブは日常的な遊びにとどまらず，クリスマスライブという園行事に繋がりました。

　12 月のクリスマス会の担当である B 先生は，テラスライブを数か月も楽しみ続ける子どもたちの姿を見て，クリスマス会でライブをすることを発案しました。クリスマスライブの開催を呼びかけると，テラスライブには演者として参加していない子どもたちも，これを機会にと出演を希望しました。また，子どもが「司会がおったらいいんじゃない？」と提案したため，スタッフを募集してみると 5

名の応募がありました。そして，いつの間にかB先生もスタッフに加えられ，子ども5名と保育者1名の6名がスタッフに決まりました。スタッフの子どもたちは演目の聴きとりや当日の段取りなど，各クラスを回って調整をする毎日となりました。演者の子どもたちは小道具や衣装の製作，練習に忙しくなりました。他にも，看板づくり，応援用のペンライトづくりなど，それぞれの子どもがクリスマスライブに向けて自分なりの準備をします。

　先述したように，福山りじょう幼稚園は，前年にカリキュラムの見直しをしました。ですが，行事の組み立て方について考えるまでには至っていませんでした。そのため，前年までのクリスマス会は，保育者が手品を披露するなど，子どもを楽しませようとするものでした。「クリスマス会といえばこれ」と，うっかり「あたりまえ」に陥りそうな場面ですが，テラスライブを楽しむ子どもの姿がそれを止めてくれました。日常的に子どもの声を尊重することが行事のあり方を変えたのは必然だったのかもしれません。子どもたちの声を反映した遊びは保育者を魅了し，潜在的支配から解放してくれるのでしょう。

　当日，筆者が園へ行くと，お手製の帽子を被ったスタッフのCくんが出迎えてくれました。その表情は緊張感でいっぱいです。園行事をスタッフとして運営するのですから，そのプレッシャーは想像に難くありません。

　園舎に入ると，クリスマスライブのポスターや会場までの誘導案内があちこちにあります。会場の遊戯室の前ではスタッフの子どもがチケットを確認しています。遊戯室は満席御礼で，後方では色とりどりの衣装を纏った演者の子どもたちがそわそわしています。前方には観客席が設けてあり，子どもたちとともに保育者らも座っていました。ステージ上には子どもたちがつくった看板や装飾が飾られています。プロセスを直接見ていない私にも，一人ひとりがクリスマスライブを楽しもうとしていることが伝わってしまうほど，子どもたちの声があふれる空間でした。

　「ハローみんな，元気？」スタッフのアナウンスでクリスマスライブがはじまりました。友達とダンスを披露する子ども，手づくり楽器を鳴らして歌う子どもなど，さまざまな演目が続きます。観客の中には，折り紙や廃材でつくったお菓子やジュースを持ち込んで楽しむ子どももいました。スタッフの子どもたちは司

写真 7-3　観客席から歓声をあげる保育者
出所：筆者撮影。

会だけでなく，出番の確認，演者の誘導も担います。クリスマスライブで保育者
が子どもに指示をすることは一度もなく，保育者はステージに上がる子どもへ歓
声をあげ，子どもたちとともにその時間，空間を楽しんでいました（写真 7-3）。
　あっという間に時間が経ちました。帰り際，見送ってくれたＣくんの表情には，
やりきった自信と安堵が見えました。

　クリスマスライブは「子ども–保育者」ではなく，「スタッフ–演者–観客」
という構造に保育者と子どもが入り交じりました。保育者にとって，クリスマ
ス会は「子どもを楽しませる」ものから「子どもと楽しむ」ものへと転換した
ことでしょう。[*2]

③日常と地続きの行事

　園行事に全ての人が心地よく参加できた背景には，日常的な多面的参加の経
験があります。テラスライブは，園内で同時多発的に存在する遊びの一つであ
り，時間的，空間的な制約が小さく，いつでも誰でも楽しむことができます。そ
の緩やかさによって，特定の他児やクラス内の共有を越えて園全体の遊びへと
拡大しました。そして，子どもたちは園全体をコミュニティと体感していたは
ずです。一つの時空間を園全体で共有する行事に子どもの声を反映するために

---

*2　クリスマスライブの様子や保育者が作成した記録などの写真は，次のQRコードに
　示す。

は，行事のときだけ園全体が繋がるのではなく，日常の生活や遊びを通して園
全体を自分の居場所だと思えるかが肝所となるのだと思います。

(2) 子どもの世界観の探究と尊重がもたらす園行事

　続いて，広島県広島市にある社会福祉法人順正寺福祉会順正寺こども園の 3
年分の節分行事の取り組みを紹介します。順正寺こども園は 1954 年に開園し
た，定員 95 名の幼保連携型認定こども園です。「出遇いを喜び，共に育ちあう」
を保育理念とし，偶然の出遇いと子どもと大人の循環的な育ち合いを大切にし
ています。

　この園の節分行事を見ていくと，年々で子どもたちの節分行事に対する世界
観がさまざまなことがわかります。ここでは，子どもの知識，経験，感情，イ
メージ，想いや願いなどを包括して世界観と表現します。子どもの権利条約の
第 12 条である「子どもの意見表明権」について，ユニセフの見出しは「Respect
for children's views」です。「意見」という表現は，子どもの声を狭義的に解釈
してしまうかもしれません。順正寺こども園の実践は「子どもの世界観の尊重」
と表現したほうがしっくりくると考えました。節分行事を子どもとつくるにあ
たり，保育者は子どもたちの共通の世界観を探り，その実現を支えます。共通
の世界観があるからこそ，子どもたちは対立や葛藤を乗り越えようとし，そこ
に創造的視点がありました。表 7-1 に，各年の子どもたちの世界観と創造的視
点を整理します。

　1 年目は，順正寺こども園の節分行事の転機の年です。それまでの節分行事
は，保育者が鬼を演じ，子どもたちが豆をまくという役割が固定化したもので
した。鬼の仮装をした保育者に怯える子どもがいることは，順正寺こども園の
「あたりまえ」でした。この年，節分行事を見直すことになり，5 歳児クラスで
あるすみれ組のサークルタイムで子どもたちの声を聴くことにしました。

①サークルタイムで子どもの世界観を探る
　保育では，子どもたちが集って話し合う場のことを，サークルタイム，ミー
ティング，集まりなどと呼びます。ここでは順正寺こども園の実践にならって

表 7-1　順正寺こども園の節分行事における子どもたちの世界観と創造的視点

年	子どもたちの世界観	創造的視点
1年目	みんなが楽しい豆まきをしたい。	「鬼＝恐怖」，大人と子どもの「してあげる─してもらう」の構えの崩れ。
3年目	自分たちが過去に味わった楽しさを年下の子たちにも味わってほしい。	関係性の中での役割や能力の意味づけ。
4年目	厄を払って福がきて，みんなで楽しく毎日を過ごしたい。	少数派の意見の尊重と結論に至るプロセスの重視。

注）事例について，1年目の次に紹介するのは，1年目から2年経過した3年目の実践である。
出所：筆者作成。

サークルタイムと呼びます。サークルタイムは英語圏で用いられる教育方法で，子どもと保育者が一つの輪をつくって座り，クラスに関する話し合いやゲームなどをします（請川, 2016）。サークルタイムは一人ひとりの子どもの世界観を共有する場であり，結論を出すために行うものではありません。しかし，行事に関しては「当日」や「本番」に向けて結論を出さなければならず，葛藤や対立が生じることがあります。順正寺こども園の保育者らは，子どもたちが葛藤や対立を経て結論を導くことを支えるにあたり，子どもたちの共通の世界観を探り，尊重します。

子どもとつくる節分行事の実践（1年目）

　すみれ組の担任であるD先生がサークルタイムで子どもたちに「どんな豆まきがしたい？」と尋ねたところ，たくさんの声があがります。子どもたちは「楽しい」「ドキドキ」「おもしろい」など内面的状態に関する言葉で応じます。D先生は「ドキドキする豆まきってどんな豆まきかな？」と具体的な姿に繋げます。すると，「楽しい豆まき」は「かわいい鬼が出てきたらいいんじゃない」とか，「おもしろい豆まき」は「みんなを笑わせる鬼が出てきたらおもしろいんじゃない」と鬼の様子が語られ，自分たちが鬼をすることを提案します。また，「もしかしたら鬼を見て泣く子もいるかもしれない」と，年下の子どもを慮る声があがりました。誰も幼い年下の子どもを意図的に恐怖へおとしいれようとはしません。そして，年下の子どもたちを想像しながらどんな鬼がよいか，どんなやり方がよいか，たくさんのアイデアが共有されました。

　D先生の「どんな」という問いかけにより，子どもたちは「何」をするかではなく，「どう」感じたいかを言葉にします。また，年下の子が抱くかもしれない恐怖を推量していました。子どもたちは置かれた環境から逃げられない恐怖がわかるからこそ，恐怖を抱く子どもの声を無視しません。D先生は「子どもたちに聞いてみるってすごく大事で，大人にはない発想をもち，大人は見ていないところをすごくよく見ていると感じたことを覚えている」と話します。子どもたちの世界観は探ろうとしなければ見えてこないものです。

　サークルタイムでの話し合いの結果，「優しい鬼」チーム，「おもしろい鬼」チーム，「怖い鬼」チームの3つの鬼チームをつくることに決まりました。また，鬼をやりたくない子どもたちは「お助け見守り」チームという，鬼を怖がる年下の子どもたちを守るという使命を担います。

　チームが決まったあとは，チームで準備を進めました。チームは少人数のため，子ども同士が話しやすく，イメージがより具体的になりました。D先生は時折チームの状況をサークルタイムで共有しました。すると，他のチームに刺激を受け，新たなアイデアが生まれることもありました。

　節分当日は，全てすみれ組の子どもたちに任されました。園で初めてのことですから，当然，子どもたちにとっても初めての経験です。鬼のグループは期待と不安がある中で，「俺はこっちから出る」「私はこっち」「大丈夫，忘れたらぼくがこっちよって言うけぇ」と声をかけ合い，子どもたちで乗り越えようとする姿がありました。

　いよいよ豆まきがはじまります。「お助け見守り」チームから「今から豆まきをはじめます。もし怖いことがあったらぼくたちが守ります」という宣言がありました。まず登場したのは「優しい鬼」チームです。年下の子どもたちを怖がらせないよう「私たちは優しい鬼よ。みんなかかってきなさい」と言います。続いて「おもしろい鬼」チームが練習したおもしろい動作で登場です。そして「怖い鬼」チームです。中には予想通り怖がる子がいたため，その子たちにはゆっくり近づいて「怖くないよ，大丈夫だよ」と優しく声をかけます。もちろん「お助け見守り」チームも活躍します。子どもたちは役割をこなすのではなく，目の前の相手の姿を見て，相手に合わせて自身の行動を考えていました。

　最後に，子どもたちは「先生たちも豆まきをしよう」とサプライズで保育者を誘います。5歳児クラスの彼らは，保育者が毎年鬼をしていたことを知っています。子どもたちは，鬼として豆を投げられる側にいた保育者に豆を投げさせてあ

げたいという想いをもっていたのです。実は,「怖い鬼」チームは保育者のため
にいたそうです[*3]。

　当日のことを,D先生はこう語ります。「みんな笑っていたんです,すごく楽
しくて。私も本当に緊張していたんです。ドキドキしていたのに,だんだん楽
しくなってきて,夢中で豆まきをしていました。こんなに夢中に子どもたちと
楽しんだことってないなって。子どもも他の先生もみんなが同じ温度で,みん
なで一つの行事を楽しめたことが本当に嬉しかったです」。当時,順正寺こども
園はサークルタイムを導入して間もない頃でした。子どもの言葉の背景にある
本当の想い,つまり世界観をどのようにクラス全体に繋げていくのかを悩みな
がらの実践だったそうです。D先生は「行事を変えるという選択肢すらなかっ
た。だけど,見たことのないものを子どもと一緒につくっていくおもしろさを
感じ,私の中でこうしなきゃいけないという固定概念が外れた。子どもたちの
言葉を信じようと思えた」と語ります。悩みや不安を抱えながら寄り添った子
どもの声の先には見たことのない創造的な世界が待っていたのです。

　また,節分行事の転換は子どもとD先生だけで成しえたものではありません。
子どもと節分行事をつくるにあたり,D先生は悩みや不安を同僚に率直に伝え
ました。その都度,同僚からD先生を支える声かけがありました。主任のE先
生は「子どもの声がないと保育ははじまらない。その声を聴いているのはD先
生だから」と話されます。子どもの側にいる保育者が子どもの声を聴くために
は,その保育者の声を聴き,支える組織の風土が肝要でしょう。

　さて,子どもとつくる節分行事を味わったら,もう戻れません。続いてご紹
介するのは,先の実践から2年経ち,当時3歳児クラスだった子どもたちが5
歳児クラスになった年度の節分行事です。彼らは「新しい」節分行事を経験し
てきました。

---

*3　1年目の写真について,次のQRコードに示す。

子どもとつくる節分行事の実践（3 年目）

　1 月中旬，「今年はどうするの？」と子どもたちが担任の F 先生に問いかけてきました。子どもたちは「ついに自分たちの番だ」と期待感をもっています。1 年目以降，節分行事のねらいは「みんなで楽しめる節分」となり，すみれ組に伝えられます。サークルタイムで「みんなが楽しむには，怖い鬼はおらんほうがいい」「ゲームだったら小さい子も楽しめそう」と話し合っていくうちに，鬼に関連したゲームをすることになりました。そして，節分行事を「フェスティバル」と名づけました。

　この結論に対して，F 先生は「節分行事といえるのだろうか」と葛藤を抱きます。ただ，そこには子どもたちの世界観がありました。この当時，新型コロナウイルス感染症が蔓延していました。すみれ組の子どもたちは，新型コロナウイルス感染症で中止となった園行事の「ちびっこまつり」を節分行事に重ねました。過去に自分たちが味わった「ちびっこまつり」の楽しさを想起し，自分たちがしてもらったように年下の子どもたちをお客さんとしてもてなし，楽しさを味わってほしいと願ったのです。この共通の世界観を実現するにあたり，サークルタイムでは役割分担をめぐって葛藤が生じます。

　年下の子どもたちが楽しめる内容を考えたあと，係の役割や分担を決めます。役割はスムーズに決まったものの，誰がどの係をやるのかという分担が決まりません。最後まで残ったのは「おはなし係」です。みんなで考えたフェスティバルに必要な係なのに，誰もやりたくないのです。すると，誰かが「お絵描きが上手な，G ちゃんがやったらいいんじゃない？」と言います。ですが，G ちゃんは「私はダンス係がいい」と返します。「でも絶対におはなしはしたいよね」としばらく話し合っていると，一人の子が「俺が手伝うけえ。でも，俺，釣り係もやりたいんよ。おはなし手伝うけえ，誰か一緒にやってくれん？」と言いました。すると，他の係だった子どもたちも「絵は描けんけど，色塗りならできるよ」と言いはじめます。そのうちに，名指しされた G ちゃんもその気になり，おはなし係をすることになりました。おはなし係の準備では，クラスの子どもたちが G ちゃんにアドバイスを求めることが多々ありました。これが G ちゃんの自信となったようで，当日はいきいきとした表情でおはなし係をやりました。他にも，係でゲー

ムや景品を考える中でたくさんの課題が生じますが，その都度子どもたちは話し合い，全員が納得するかたちにしていきました。

　　フェスティバルの当日，すみれ組の子どもたちは自分の係になりきって年下のお客さんを迎えました。「少々お待ちください」「お困りですか？」など，言葉遣いにもお客さんをもてなす世界観が表れます。最後は交代しながらお客さんになって，自分たちもフェスティバルを堪能して終えました。[*4]

　フェスティバルは節分行事でなくてもできたのかもしれません。しかし，そこには表には見えにくい，子どもたちの世界観があります。自分たちの世界観の実現のために想いを伝え合い，時にぶつかり，合意点を探りながらつくったこの日を誰が否定できましょう。

　役割分担では，明確な分担にこだわらずみんなで少しずつ手伝うことで係を成り立たせるという発想をしました。また，「役に立つ」ということに関しても考えさせられる実践です。絵が得意だからといって，それを集団に役立てなければならないということはありません。自分の能力をいつ，どのように試したり表現したりするのかは他者に強要されるものではありません。他児に推薦されたGちゃんがなぜ最初に断ったのか，その理由はわかりませんが，F先生は係を引き受けることをGちゃんに促しませんでした。実は，F先生は絵が好きで，分担決めが難航しているときに「F先生がおはなし係はどうか」と子どもたちから提案されています。そのときF先生は「私のことを理解してくれている」という気持ちと「押しつけられたな」という気持ちが混在したそうです。このごまかしのない感覚が，Gちゃんにおはなし係を促すことをF先生にさせなかったのではないかと思います。表面的には同じことであっても，自身の能力が関係性の中で「役に立つ」という感覚と「利用される」という感覚は比較にもならないほどの違いです。保育における能力の開花について考えるとき，関係性やプロセスを含めた本人の心情に敏感でありたいものです。

　では，さらに翌年の様子を見ていきましょう。

---

*4　3年目の写真について，次のQRコードに示す。

子どもとつくる節分行事の実践（4年目）

サークルタイムでは，前年度のフェスティバルを今年もやりたいという意見が出ました。すると，数名の子どもから「節分って鬼のゲームをする日じゃないよね」という意見が出ました。話し合っていくと「厄を払い，福がくる」という共通の世界観が出てきました。そして，12月の発表会で手ごたえを感じた劇を思い出し，劇と豆まきをすることになりました。

写真7-4 「つくったことないんだから，わからないでしょう」
出所：順正寺こども園職員撮影。

豆まきに関して，豆はみんなでつくることになりました。そして「豆，何個つくる？　すみれ組のみんなでつくったら何個なん？」「20個」「みんなの分，足りんじゃん！」と考えはじめます。「1人が1個の豆投げて，鬼に当たらんかったらどうなる？」「福がこんじゃん！」と福がくるために真剣です。豆がたくさん必要だということがわかり，園や自宅にたくさんある新聞紙でつくることにしました。そこでHちゃんが「本物に見えるように絵具で色を塗ったらどうかな」と提案します。他の子たちからは「そこまでする必要ない」「時間がかかるからやめたほうがいい」「節分は大事だけど，節分のことばっかりするのは嫌だ」などの否定的な意見が挙がり「絵具を塗るのが好きな人がすればいい」「役割分担すればいい」と言われます。みんなからいろいろなことを言われたHちゃんは「そんなこと言われたって，豆をつくったことないんだから，時間がかかるかどうかなんてわからないでしょう」と返します（写真7-4）。

担任のI先生は，少数派になると委縮する子どもたちの様子が以前から気がかりでした。このときも多数派の意見で結論が決まりそうなことに対して「胸がすごくざわついた。多数派に言いくるめられて妥協してほしくなかった」と話します。また，Hちゃんの発言によって，試すことなく結論を出そうとしていたことに気づかされたI先生は，豆に絵具で色を塗りたいと考えている3名に試しにやってもらうことを提案します。

3名が実際に豆に絵具で色を塗ってみると，想像よりも時間がかかることがわかりました。3名は「絵具が乾くまでは触れないし，丸め方も難しいし，絵具は

写真 7-5　「福がきた！」
出所：順正寺こども園撮影。

楽しいけど節分でやるのは難しそう。他のときにしたらいいかも」と，やってみてわかったことをクラスで共有しました。そして，豆は絵具で塗らないことが決まりました。

　劇のほうはというと，新型コロナウイルス感染症のクラスターが生じ，1週間以上の休園となったことによって，準備ができないまま節分の前日を迎えてしまいます。I先生は「明日，もう無理」とつぶやく子どもたちを集めて，もう1回何をするのかをサークルタイムで考えました。I先生は，時間がない中で何を優先するかを問いかけます。子どもたちの答えは「みんなが楽しいだけでは困る。豆をまいて，福がくる」でした。ここまで「福がくる」ことにこだわる背景には，新型コロナウイルス感染症，豪雨災害などの疫病や災害を払い除け，毎日みんなで元気に遊びたいという子どもたちの強い願い，すなわち世界観がありました。

　最終的に，節分の意味を伝える紙芝居と豆まきをすることに決まりました。紙芝居チームと豆まきチームに分かれてからの行動はとても早いものでした。時間がなくても「福がくる」ために，いいかげんなことはできません。豆づくりは大きさや固さにこだわって何度も試作し，つくったものを当ててみて，痛くないかを確認しました。紙芝居チームは読み合わせをします。発音しづらい言い回しは別の言葉に換えたり，「小さい子には難しいかも」と別の表現にしたりと，自分たちの紙芝居へと変えていきます。

　当日，はじまる直前にI先生は子どもから「福のお面がいる！」と言われて，あわててインターネットの画像を印刷して福のお面を用意しました。鬼役の中には形式上でも「やっつけられる」ことに抵抗がある子がいましたが，その子も「鬼がやられないと福がこんから」と役をまっとうしました。豆まきの最後は「せーの！」の声で鬼たちが福のお面をつけます。「やったぁ！」と歓声があがりました（写真 7-5）。

　節分行事は大成功で終わったと思ったところで「待って，俺ら豆まいてない」「福がこん！」と鬼役の子どもたちが言います。最後はI先生が鬼役になって，子どもたちは満面の笑みで豆まきをしました。[*5]

　集団で過ごす園生活において，全員の意見が全く一致することは稀でしょう。だからといって，多数派の意見でものごとが決まることは危険です。集団として一見スムーズにものごとが進んでいるように見えるとき，少数派は声の表現をためらっている，あるいは表現できなくなっているかもしれません。I先生は少数派の声に耳を傾け，全員の納得解を探ることを提案します。私たちは知識や経験の枠組みから予測をし，試すこともせずに結論を出すことがあります。同じ結論だとしても，試行錯誤のプロセスを経た結論と，予測だけで導いた結論では子どもの経験は大きく異なります。自分たちの発案を実際に試して確認したことは，自分の声を価値あるものとして聴いてもらった経験となったはずです。自分の声を表現することを諦めずにいられるには，どのような声をも聴こうとする保育者の存在が欠かせません。

②目の前の子どもの声を聴き続け，世界観を探り，尊重する

　子どもの声を聴き，日々の保育や行事に大きな転換があったとしても，それが形骸化すれば意味がありません。順正寺こども園は，常に目の前の子どもたちの声を聴き続け，子どもたちの共通の世界観を探ります。共通の世界観を失えば，子どもたちの声はバラバラとなってしまい，同じ時間，同じ空間を過ごしても，集団のダイナミズムは生じません。共通の世界観を実現させようとするからこそ，対立や葛藤が生じても対話が続きます。その対話の中には，子どもも保育者も誰もが自分らしく参加するための創造的視点があります。

　一人の子どもの声を聴くことと，集団の遊びや活動は一方向的な関係ではなく，相互に作用する循環の関係にあると思います。そこで，次節は乳児期の子どもの声に関する実践の紹介とともに，何気ない日々の中で目の前の一人の子

---

*5　4年目の写真について，次のQRコードに示す。

どもの声を聴くという保育の原則に立ち返りたいと思います。

3. 乳児保育の取り組み

　ここでは，0・1・2歳児クラスの子どもの「声」を，保育者たちがどのように受けとり，保育を展開させているかに迫ってみます。0・1・2歳児クラスの子どもたちの「声」は，幼児クラスのそれと比較して，キャッチすることそのものの困難さがあるように感じます。それは子どもの「声」が発話と密接な関係にあると考えられているからでしょう。しかし，ここでは「声」を言葉の表出からのみ検討するものではありません。それは，0・1・2歳児の子どもたちを日々保育する保護者や保育者たちは，子どもの「声」を発話だけでなく，その表情やしぐさ，視線，指差し，場面の状況などでキャッチしているからです（寺見, 2022; 奥新・七木田, 2022）。この節では，それらを子どもの「声」と位置づけ，保育者がどのように子どもの気持ちや意思を捉えているのか，そして乳児保育における「創造者たる子ども」がどのような姿なのかを描いていきます。その際，子どもの姿だけでなく，子どもとのやりとりの中で保育者がどのように子どもの「声」を受けとめ，子どもを捉えていたかということにも注目します。それは，鯨岡が子どもの今の様子を「主体的」であると見るかどうかは，大人の側の判断にかなりの部分が委ねられていると述べたように（鯨岡, 2006），子どもの生活や遊びの姿には，ともに過ごす大人のありようが大きな影響を与えると考えるからです。

　今回は1歳児クラスの3つのエピソードから，子どもの「声」を大切にした乳児保育について見ていきます。エピソード2と4は筆者の保育観察から，エピソード3は保育者へのインタビューにもとづいて構成しています。

　社会福祉法人親和福祉の会親和保育園は，2003年4月に設立された私立保育園です。神戸市東灘区の住宅街，比較的静かな環境の中にあり，生後6か月～就学前までの乳幼児（定員90名）が在籍しています。保育理念は，子どもたち「ひとりひとりのかけがえのなさ」を基本に，常に子どもの最善の利益とは何かに立ち返る視点をもち，子どもたちの健やかな成長を目指しています。

　筆者は時々この親和保育園を訪問し，観察をしています。園の中での暗黙ルー

写真 7-6　親和保育園の園庭
出所：筆者撮影。

ルのようなものがあまりなく，保育者それぞれが自分なりの考えをもち，先輩・後輩保育者，主任，園長とその都度相談をして保育実践を進めている印象です。園風土に「〜しなければならない」ということが少ないからこそ，保育者はある程度経験を積むまでは，どのように保育実践を展開すればいいか悩みを感じることもあるようです（今村・佐藤, 2022）。

　園の特徴の一つに，園庭が大変狭いということが挙げられます。ただ，そのような環境においても，園庭で子どもたちが身体を十分動かすことができるように工夫されています（写真 7-6）。また，子どもたちと保育者は，近所にある公園に頻繁に出かけ，思いきり走ったり，身体を動かしたりして遊んでいます。各クラスの保育者たちはていねいに連携をとり，園庭に出る時間帯を調整しています。もちろん広い園庭がある環境で保育が行えることは子どもにとっても保育者にとっても素敵なことです。しかし，そうできる環境ばかりではありません。親和保育園のこの園庭の使い方から，置かれた環境の中で子どもたちの最善となる実践をしようと尽力する保育者たちの姿勢が感じとれます。

　観察をする中で筆者が感じる園のもう一つの特徴として，保育者の静かさが挙げられます。いつ訪問しても，園内は常に子どもたちの賑やかな声でいっぱいですが，保育者の声はあまり聞こえません。決して保育者たちが「おとなしい」というわけではなく，先生たちは陽気で元気いっぱいで賑やかな人たちです。しかし，子どもたちと過ごすとき，保育者が大きな声でかかわったり，指示をしたりという姿は，園内でほとんど見られません。

(1) 安心できる環境だから自分の気持ちを表出できる

エピソード：子どもの「今」を愛おしく思う保育者
20XX年11月　1歳児クラス

　1歳児クラスの子どもたちと保育者が園庭で遊んでいます。そのような中、Jくんは園舎壁に設置されている電気コードを触ろうとしていました。担任のK先生は「Jくん，触らないよ～」とのんびりと声をかけながら，特に行動の制止はせず側で様子を見守っていました。Jくんはその後も何かをして遊ぶでもなくフラフラと歩いたり，プランターを力任せに引っ張ったり，少しイライラした様子も見られました。K先生は，Jくんの様子について「今日は，なんだか朝から少し機嫌が悪くて，ちょっとすんなり遊べていないんです」と話してくれました。

写真 7-7　先生がそっと置いたバケツに……
出所：筆者撮影。

　その後，K先生は，園庭で拾った穴の開いた落ち葉をJくんの前でクルクルと指でまわして見せはじめました。すると，Jくんは小さな穴が開いた落ち葉をじっと見ながら手に取り，K先生と一緒に遊びはじめました。Jくんの様子を見て，K先生はすかさず他の葉も探しにいこうと提案をして，砂場のほうに2人で移動をしました。Jくんは自分でも別の落ち葉を見つけて，それをK先生のところに見せにいき，自分から遊ぶ姿が見られるようになりました。

　その後，JくんはK先生から離れ，自分からのぼり坂のほうへ行き，遊びはじめました。離れて過ごしていますが，砂場で他児と遊んでいるK先生に時々視線を送っています。K先生はその都度，Jくんからの視線に気づき，手をあげたり頷いたりしています。

　Jくんは5分間ほど，のぼり坂で遊んだあと，砂場にいるK先生のところへ戻りました。そして，砂遊びをしていたLくんとK先生と一緒に，Jくんも砂遊びをはじめます。K先生が持っているお盆にJくんとLくんが砂を入れる遊びを繰り返し行っています。遊びの中でK先生が「これ，重いね」「持ってみて」などの声をかけています。JくんとLくんはお盆の砂を落とし，また砂を入れるという動作を何度も繰り返します。その様子を見ていたK先生は，バケツを持ってきて2人の前にそっと置きました。しばらくその遊びが続いたあと，Lくんがバケ

写真 7-8　「重いよぉ」
　　　　　と保育者に伝
　　　　　えるJくん
　　出所：筆者撮影。

写真 7-9　みんなで遊ぶ楽しさ
出所：筆者撮影。

ツに砂を入れはじめ，そのバケツを腕にかけました（写真7-7）。K先生が「いっぱいだね」「重いよ」と笑いかけていると，その様子を見たJくんも赤いバケツに砂を入れはじめました。2人がバケツをのぞき込んで「いっぱい」「いっぱい」と口々に言う姿を見て，K先生は声を出して笑い，「いっぱいだね」「重いよ」と言いました。その後，JくんとLくんはバケツを持って周囲のMちゃんやNちゃん，保育者に「いっぱい」「重いよぉ」と何度も伝えます（写真7-8）。K先生は2人が（実際にはバケツの砂の量はそれほど多くはないのですが）重そうにバケツを持つ様子や「重いよぉ」と言い合う姿を微笑ましく感じたのか，また「ウフフフフ」と声を立てて笑いました。そして，バケツにスコップで砂を少し加えて，「ほら，重くなった」「重いよ」と言いました。2人は「重い」「重い」と何度も顔を見合わせて言いました。K先生は笑いながら「重いから軽くしよう」とバケツの中の砂を減らして「軽くなったね」「軽いね」と話します。2人の様子を見たMちゃんやNちゃんも遊びに興味をもって，仲間に加わっています（写真7-9）。K先生は「フフフ。『重いよぉ』を覚えましたね」と筆者に笑って話しました。

　この事例からは「遊びたい」というJくんの「声」を聴き，その気持ちを支えようとするK先生の意図がうかがえます。当初遊ぶ気持ちになれず，イライラとしていたJくんに対し，K先生は常に静かにかかわっていました。かかわりには，機嫌が直るような言葉かけ，抱っこなどいろいろなやり方があると思いますが，K先生は「機嫌を直す」ということについては特に何もしていません。おもしろい穴が開いた落ち葉をそっと見せることで，Jくんの気持ちを立て直し

ました。イライラしているJくんの表情や，ちょっとした行動の様子から「本当は遊びたい」というJくんの「声」を読みとったと思われます。「遊びたい」というJくんの「声」を受けとったことで，それまで側で様子を見守っていたK先生は，Jくんに葉っぱを見せるなどかかわりを変化させました。

　他者を理解する際，言葉を使ったコミュニケーションが有効であることはいうまでもありません。しかし，K先生のように，保育者は表面的な言葉の表出だけでなく，子どものちょっとした表情の変化，手先の微細な動き，身体の緊張具合などから多くの情報を得て，子どもを理解しようと努めているのではないでしょうか。

　このエピソードでは，1歳児が友達の存在や遊びの様子を気にかけ，自らも遊びはじめる姿が確認されました。K先生は，Jくん，Lくん，Mちゃん，Nちゃんそれぞれの子どもの「声」に耳を傾け，目の前の子どもが何を望み，どうしたいと思っているのかを繊細に感じ取っていました。保育者が「なんとなく漫然とその場にいるだけ」では，子どもの「声」を聴きとることはできません。特に0・1・2歳児クラスの場合，子どもの「声」は繊細です。ていねいに子どもを観察しなければ，子どもの「声」を受けとることは困難です。保育者は1週間前，昨日，今日というように連続した時間の中で，一人ひとりの「声」を受けとり，共感し，子ども理解を深めているのでしょう。

　子どもの「声」を聴きとろうとする際，保育者は直接的なかかわりのみで行っているわけではありません。子どもと直接的にかかわらない状況の中でも，遠くからでも子どもが全身から発する「声」を聴きとろうとしています。保育者がそれぞれの「声」をキャッチすることができると，空間的に離れていても子どもとの応答的なやりとりが生まれます。保育者が子どもの意思に思いを馳せることが「子どもの主体的な姿」へと繋がっていきます。

　K先生は，Jくんが一人で遊べそうなときには，離れた場所から見守りながら，Jくんが発信する「声」から子どもの心もちを理解し，Jくんが安心して過ごせるようにしていました。そして，Jくん自身もK先生の「声」を聴きとり，互いに呼応し合っていました。「声」を聴くことは，子どもに対する保育者からの一方的な行為ではなく，子どもも保育者の「声」を聴き，相互的に行われるものなのでしょう。

　その後，Jくんは他児との遊びの中で，保育者のかかわりから「重いという言葉」と，実際に身体で感じる「重いという感覚」の繋がりを感じていきました。そこには，ただひたすらに子どもとのやりとりを楽しみ，朝から機嫌が悪かったJくんの，「今」を愛おしく思うK先生の姿がありました。保育者は子どもとの遊びにおいて「重いという言葉を教えよう」や「重さの違いを学ばせよう」などという意図はなく，その瞬間を子どもと過ごすことの有り難さを感じているのではないでしょうか。乳児保育の場に身を置くと，子どもに対して「○○させよう」「○○を学ばせよう」といった大人からの支配的な意図やねらいはあっという間に崩れ去り，その無意味さを実感することになります。そして，子どもが主体的に生活することの意義を痛感する機会となります。ところが，乳児クラスを離れ，幼児クラスの担任になった途端，またもや「○○させよう」という大人の支配が出現することはないでしょうか。「0・1・2歳児という小さな子どもたちだから子どもの声を聴き，気持ちにより添う実践を行う」ということでは，本当の意味での子どもの声を聴くことにはなりません。

(2)　自分で見つけたことは，おもしろい！

エピソード：乳児の「声」から生まれる保育実践
20XX年 10 月　1 歳児クラス

　1歳児クラスの子どもたちと担任の保育者たちが園の近くの公園まで散歩に出かけたときのエピソードです。2人の子どもたち（Oちゃん，Pちゃん）が，公園にある木製ベンチに空いた穴を見つけたようです。

　木製ベンチにいくつか空いた穴のうち1つだけが，ベンチを貫通する穴で，Oちゃんがそれに気づいたようです。Oちゃんはベンチ座面の穴からドングリを落とし，地面に落ちたドングリを拾う，そしてまた穴に落とす……という遊びを繰り返していました。Q先生は，他の子どもと過ごす中で，2人がずっ

写真 7-10　何をしてるのかな
出所：親和保育園撮影。

とベンチで過ごす様子を遠くから眺め，「何をしているのか」と不思議に思って
いたそうです。そして2人の遊びを近くで見て，ドングリを穴に落としているこ
とを理解しました。よく見るとOちゃんがドングリを穴に落とす遊びをしている
隣で，Pちゃんは小さなくぼみに落としたドングリを指で取ろうとしていたこと
に気づきました（写真7-10）。

Q先生はこう語ります。

> Q先生：たくさん拾ったり，集めたりするのを楽しむかなと思って，袋
> を持って行っていたんですけどね。私たちは必死になって「ドングリ
> あったよ」って見せていたら，なんかずっとベンチにいて「何してる
> んかな」って思っていたら，（穴に）入れていたんです。

この散歩に出かけるにあたり，保育者たちはドングリ拾いの活動に繋げよう
としていたようです。保育実践においては，月案や週案で「自然物に触れ，秋
の季節を感じる」などというねらいを立てます。特に季節の自然物は，その時
期にしか触れられないために，保育者は「せっかくなので，自然物に触れる経
験をたくさんしてもらいたい」と考えるのでしょう。Q先生の「必死になって」
という語りにその気持ちが表れていると思いませんか。ところが，実際には子
どもたちの興味関心は別のところにあったようです。

Q先生はじめ保育者たちは，「ドングリ拾いを通して，たくさん自然に触れる
ことを楽しんでもらいたい」という願いがありました。しかし，実際にはOちゃ
んとPちゃんは，たくさんのドングリに触れて喜ぶというよりは，ベンチに空
いた穴に，1個のドングリを繰り返し落とす遊びや，小さなくぼみに落とした
ドングリを指で取ることに熱中していたようです。

保育者は「子どもたちがこんな経験をしてほしい」というねらいをもって保
育を行う際，ついつい自らのねらいや願いを「押しつけて」しまうこともある
のではないでしょうか。たとえば，（せっかく）用意した袋を子どもたちにヒラ
ヒラと見せて「ほら，ドングリ拾おうか！ ここにたくさんあるよ〜」などの
かかわりをするかもしれません。

ところがQ先生は「なんかずっとベンチにいて『何してるんかな』って思っ

ていたら，（穴に）入れていたんです」と語っています。この語りからは，Q先生が自らの保育のねらいや願いを優先させるのではなく，まずは子どもたちの興味関心を探ろうとしている姿が垣間見られます。「何してるんかな」と子どもの遊びや行動に関心をもち，子どもが熱中している遊びのおもしろさを知りたいと考え，その楽しさを自らも同じように理解し，感じたいというQ先生の子ども理解における姿勢が感じられる語りでしょう。

> Q先生：（写真には）おさめきれないことが多くて。今のこのしぐさが
> かわいいとか，この言い方がかわいいというのがおさめきれないんで
> すよね。なんかいいんですよね。

このエピソード以外にもQ先生が子どもたちとの毎日を語るとき，「この日は楽しかった」「ホントにかわいいんです」といったQ先生の生きた感情が湧き出ていました。

> Q先生：Rくんたちと自由遊びのときに絵本を読んでいるんですけど
> 「おっぱいは出ませ〜ん」っていう繰り返しがあって，「（出ま）せ〜
> ん」っていうのを一緒に言うっていう。かわいいなぁって。1歳児の
> この言葉の出はじめっていうか，真似っこしたり，「せ〜ん」って一緒
> に言ったりするおもしろさっていうのを味わって。そういうちょっと
> したやりとりがかわいいんですよね。

Q先生の語りは常に個別具体的で，それぞれの子どもとのやりとりを先生自身が存分に楽しんでいる様子が感じられるものでした。そこに存在するものは単なる「子どもがかわいいエピソード」でしょうか。塩崎は，ニュージーランドの保育実践を例に挙げ，保育の質向上を目指す中で形成されたチームワークの背景として，子どもたちへのゆるぎない愛情と温かさに裏づけられた取り組みが，一つの原動力となっていることを指摘しています（塩崎, 2020）。そして，「評価」がジャッジではなく，子どもの「表現」を理解することであり，明日への実践の活力になる仕組みが整えられようとしているニュージーランドの保育実践を報告しています。つまり，Q先生が子どものことを「なんとも言えずかわいい」と感じていることは，保育者の大きな原動力となっているといえます。

　そして，保育者は日々子どもたちとのある場面やその瞬間について，“何かいい
感じ”と直感的に捉えているように思えます。この決して理論的とはいえない
「おもしろい」「楽しい」「かわいい」からはじまる“何かいい感じ”が，保育実
践における「ジャッジではない」評価に結びついているのではないでしょうか。
吉村は，温かい気持ちで子どもを褒めることができる人は，その人自身が優れ
た観察眼やセンスを備えているとし，「子どもの評価」と「自らの保育の評価」
の両側面において，保育者がプラス評価を中心に行うことの重要性を説いてい
ます（吉村，2014）。子どもを一定の枠に合わせようとし，そこからはみ出る部
分にマイナス評価を与えるよりも，子どもの側から出発してプラスの評価をす
るほうが，子どもにとっても保育者にとってもよい面があり，それは「保育者
の子どもを見る目を変化させること」としています。Q先生の“なんかいい感
じ”という子どもの捉え方は，子どもを温かくプラスの側面から見ていると同
時に，自らの保育に対する肯定的な評価をしていることの表れだといえます。

(3) どうするのかは，自分で決める

　一方，乳児保育において子どもの「声」を聴くことの難しさとして，子ども
の気持ちに寄り添うことや養護面を重視するあまり，保育者が「子どもの声を
もとに生活や活動を創造していく」という意識をもちにくいことが考えられま
す。その要因の一つとして，保育者（特に初任者）にとって，まずは養護面の子
どもの「声」を聴き，充実させることへの難しさが存在することが挙げられま
す。そして，そのことに満足しとどまってしまうことで「子どもの声から活動
を創造する」という視点がもちづらい側面があるのではないでしょうか。
　このことに関連し，Q先生の乳児保育についての語りを紹介します。Q先生
は「保育は自分の感情と密接」「心のフィット感」「子どもの気持ちがストンと
落ちる瞬間」などの言葉を使って，乳児保育の難しさと自己評価について語っ
てくれています。

　　Q先生：5年目くらいまでは，すごくもがき苦みました。私の勝手な
　　「〜したほうがいい」みたいな思いがあって，（子どもを）おおらかに

見ることができなかったんです。で，家に帰ってから「自分がこんな
やから，（悪いところが）子どもに出てるんかな」とか落ち込む。「今日
は怒らんとこう」って思ってやっているんです，気をつけて。でも「気
をつけないとできない部分」があった。保育は，自分の感情とすごく
密接やから，自分のイライラとかがっかりとかと。でも，子どもの気
持ちがわかるようになってきて……その……フィットする感じが。子
どもとの心のフィット感がないと，ただのお世話になってしまう。お
世話は保育じゃないから。子どもの気持ちがストンと落ちる瞬間がわ
かるようになって，やっと自分も楽しくなったかな。子どものやって
いることを「わ，おもしろい！」「じゃ，こんなのやってみよう」とな
りました。でも，まだまだなんです。

　次のエピソードは，1 歳児クラスにおいて給食を食べるかどうかを子どもが
自分で決めている場面です。その際，先ほど Q 先生から語られたように「子ど
もの気持ちがストンと落ちる瞬間」が見られました。

エピソード：乳児の「声」を聴くという行為
20XX 年 11 月　1 歳児クラス

　外遊びのあと，子どもたちが数人ずつ保育者に誘われ室内に入ってきます。こ
の園では，子どもの状況に合わせて（たとえば，早朝から登園している子，お腹が空
いている子，早く眠くなる子など），クラスを 3 つのグループに分けて昼食を食べ
ています。今回は，11 時から昼食となるグループの様子です（写真 7-11）。
　S くんは，戸外遊びが楽しかったのか，他の子よりも少しゆっくり保育室に戻っ
てきました。シチューを自分で美味しく食べていましたが，途中から機嫌が悪く
なり泣き顔になりました。隣にいた T 先生は「あらあら，S くん，眠い？」「お野
菜（がイヤ）かな？　食べない？」と声をかけています。
　食事途中で眠くなったり，機嫌が悪くなったりする子どもの姿は，乳児クラス
の食事場面でよく遭遇します。保育者にとっては，栄養計算され提供されている
給食をなるべく多く食べてもらいたいという気持ちと，睡眠欲を適切なタイミン
グで満たしてやりたいという気持ちがせめぎ合うと思われる場面です。S くんの

写真 7-11　昼食の様子　　　　写真 7-12　イヤイヤと言うSくん
出所：筆者撮影。　　　　　　　出所：筆者撮影。

ことをよく知らない筆者は「眠いのかな。それとも，野菜が嫌いなのかな。もしかすると野菜を食べたくなくて，眠いフリをしているのかな」などと想像していました。ですから，T先生がSくんにどんな対応をするのかに注目しました。

　少しするとSくんは顔をしかめ，食べる手も止まってしまいました。T先生は「どうする？　もうおしまいにする？」と尋ねます。ところが，Sくんはまだ食べたい気持ちもあるのか「イヤイヤ」と首を横に振り，自分の気持ちを表しました。T先生は「食べる？　どっちかな……おしまいにして寝る？」と小さな声でつぶやくように言ったあと，Sくんに向かって明るい声で「そしたらちょっとお茶でも飲んで，気分変えたらどう？」とコップを差し出しました（写真 7-12）。

　Sくんは数秒，コップを見つめたあと，自分の手のひらで涙を拭って，お茶を飲みました。その後しばらくの間，じーっと前方を見て，パチパチと何度か瞬きをしていました。その間，T先生はSくんに特に何か言葉をかけたり，急かしたりすることはなく，Sくんの背中をそっとさすったり，頭を撫でたりしながら，同じ机で食事をしている別の子どもに声をかけたりしていました。

　Sくんはもう一度涙を手のひらで拭うと，いきなり視線を机の上に向け，お皿の上のパンを手に取り，食べはじめました。それを見たT先生は「あ，食べる？そう」「Sくん，よかった。食べる気持ちになったんやねぇ」と今までよりもはっきりした声で言葉をかけたあと，独り言ともとれるような声量で「もうちょっと食べられたらいいなぁと思ってたんよぉ」とSくんの髪の毛を撫でながらつぶやきました。

　食が進まない理由が，機嫌の悪さなのか，眠たさなのか，はたまた好き嫌いによるものなのか，子どもの状況によりいろいろなことが考えられます。T先

生は，Sくんの発話，目線，表情，身体の動きなどを細やかに観察し，Sくんの意思を読み取ろうとしていたと思われます。大事なことはT先生が「食べなさい」や「もう食事を終わりにしよう」とSくんの行動を決めるのではなく，「どうする？　もうおしまいにする？」「食べる？　どっちかな……おしまいにして寝る？」とSくんの行為を支えるような言葉をかけていたことです。それらの言葉かけは，小さな声でそっと行われていました。筆者には，その穏やかな言葉かけが，これからどうしたいのか，「Sくんが自分の行為を考える時間」となっているように思えました。このようなT先生とのやりとりは，Sくんにとって「気持ちがストンと落ちる」きっかけになったのではないでしょうか。髙嶋は，保育者が子どもの「わからない」姿に対して，「『わからない』ままに寄り添う」ことの大切さを述べています（髙嶋, 2013）。そこでは，保育の中で「子どもをみる」ときに保育者が子どものことを「ちゃんと理解すること」「わかること」が望ましく，必要なことであると思っている部分があることを指摘しています。そして，子どもは人格をもった一人の他者であるために，保育者が全てを「わかる」ことはできないのは当然のことであり，その正解を追求しようとするのではなく，子ども自身が抱えている苦しさやわからなさに寄り添い，その子がわかろうとしていることを，ともにわかろうとすることが大切だとしています。Sくんの「気持ちがストンと落ちた」背景には，Sくんの食の進まなさに対して，わからないままに寄り添ったT先生の姿があるのではないでしょうか。

　これは保育者として勤務経験のある筆者の自戒の意味も込めた記述なのですが，乳児クラスの保育，特に基本的生活習慣に関する事柄では，時として子どもの意思が尊重されづらく，大人の気持ちで行われることもあるのではないでしょうか。それは「栄養のことを考えて，食事はしっかりとってほしい」「十分な睡眠をとって機嫌よく元気に過ごしてほしい」など子どものことを思っての行為であることはいうまでもありません。ただ，保育者の気持ちが先行するあまり，食事を全量食べることをよしとしたり，たくさん食べることを無意識のうちに求めたりしてしまうことも考えられます。T先生は，子どもたちが食事を全量食べることやたくさん食べることを重要視せず，Sくん自身がどうしたいかというその「声」を聴こうとしていました。もちろん，園生活の中で，子

どもを守り安全に生活をするために，大人にとって「必要なこと」「大事にしたいこと」は存在します。しかし，それが強すぎる場合，子どもの「声」を聴くことは困難になるでしょう。

　星らは，0歳児の泣くという行為への保育者の対応に注目し，「乳児は，泣いている理由や感情を正しく代弁してくれた保育者を信頼する」という考えが，0歳児保育の理論的枠組みの中で大きな意味をもったことを報告しています（星ら，2009）。同時に，この考えが泣きのもつさまざまな意味に目を向けにくくなったことも指摘しています。もともと泣いていた理由と保育者の解釈にずれがあった場合も，それは大人に解釈され，子どもの当初の思いは受容されたのではなく，諦めさせられたことになると述べています。Sくんのエピソードでも泣く行為が見られました。このような場面では，そばにいる保育者がこれまでの自らの保育者としての経験を用いて「眠いんだね」「野菜を食べたくないのかな」と代弁することもあるでしょう。ただ，星らが指摘するように，子どもが感じている理由とはずれがある可能性も考えられます。保育者が「子どもには子どもなりの思いがある」ということを自覚することも必要でしょう。保育者が「『食べる』も『食べない』も決めるのは子ども自身」という考えももち合わせて保育実践を行うことで，自らの子どもへのかかわりの枠組みも拡がると思われます。

　最後にこのエピソードの特筆すべき点として，T先生の振る舞いを挙げます。T先生は常に穏やかなかかわりをしていました。その話し方は，はっきりした発声，明るい声で伝えることもあれば，ひっそりした声，低い声，独り言のようにつぶやくように話すこともあり豊かな表現だといえます。この一連のエピソードにおけるSくんの行動には，これらT先生の振る舞いが影響を与えているように感じます。T先生の声色，話す雰囲気にはそのときのT先生の気持ちが素直に表れていました。保育実践という行為は「大人→子ども」あるいは「子ども→大人」というように一方通行で行われるものではありません。このエピソードは，T先生とSくんが互いの「声」を聴き，互いに影響し合ったことで生起した事象ではないでしょうか。

　この節では，乳児クラスの子どもたちの姿に注目し，保育実践の観察から記述を行いました。観察の中で，子どもたちは自らの遊びや生活を創り出してい

る「創造者」であると実感する場面に何度も遭遇しました。そして，その姿を支える背景には，保育者の温かく鋭敏なかかわりがありました。乳児クラスの保育実践には，子どもの「声」を繊細にキャッチしようとしなければ見落としてしまうものがたくさん存在します。保育者が子どもの「声」を聴き落としてしまったら，子どもが保育者の「声」を受けとることも困難になるでしょう。だからこそ乳児保育は難しく，おもしろく，奥深いものなのです。

──────── 参考・引用文献 ────────

秋田喜代美・芦田　宏・鈴木正敏・門田理世・野口隆子・箕輪潤子・淀川裕美・小田　豊（2010）．子どもの経験から振り返る保育プロセス──明日のより良い保育のために　幼児教育映像制作委員会

濱田祥子・島本好子・辻　明妃・菅原知恵子・村上麻由香・小田実里・村上紗綾・坂本みずえ・平田麻奈・佃　文香・岩本充正・兼田里恵・手塚由美子・中丸元良（2021）．SICSによる「私たちの保育実践あるある」の振り返り──他園の保育者との保育カンファレンスを通して　比治山大学紀要，(27)，165-175.

星　三和子・塩崎美穂・勝間田万喜・大川理香（2009）．保育士はゼロ歳児の〈泣き〉をどうみているか──インタヴュー調査から乳児保育理論の検討へ　保育学研究，47(2)，153-163.

今村里香・佐藤智恵（2022）．コロナ禍における子どもの主体的な表現活動を支える行事のあり方──保育者・子どもの語りの質的分析より　親和教育研究所研究紀要，4, 5-20.

鯨岡　峻（2006）．第1章 主体という概念を再考する　ひとがひとをわかるということ──間主観性と相互主体性　ミネルヴァ書房，pp. 61-63.

奥新恵理・七木田　敦（2022）．乳児保育における保育者の協働性──外遊びの支度の場面から　幼年教育研究年報，44, 65-71.

大塚忠剛（1979）．第4章 乳幼児の遊びと保育　山本多喜司(監修)　赤塚徳郎・森　楙(編)　保育入門シリーズ 第13巻 乳幼児の保育原理　北大路書房，pp. 43-54.

塩崎美穂（2020）．日本・ニュージーランド・イタリアの保育実践評価に関する基礎的研究──「表現」を理解しようとする評価(アセスメント)について　日本福祉大学子ども発達学論集，12, 53-63.

髙嶋景子（2013）．第3章 子どもを丁寧にみるということ　子どもと保育総合研究所(編)　子どもを「人間としてみる」ということ──子どもとともにある保育の原点　ミネルヴァ書房，pp. 197-204.

寺見陽子（2022）．日本の母親の乳児との共同注意と関わりに関する研究──2017-18年と1994-95年に生まれた乳児に対する母親の言葉かけの比較検討　神戸松蔭女子学院大学研究紀要，(3)，125-136.

請川滋大（2016）．好きな遊びを中心とした保育を充実させるためのサークルタイム──個と個を集団へとつないでいく保育者の援助　日本女子大学紀要家政学部，63, 1-9.

吉村真理子（2014）．第5章 評価するたのしみとよろこび　森上史郎・岸井慶子・赤坂　榮・髙嶋景子・渡邉英則・児島雅典・大豆生田啓友(編)　保育実践の創造──保育とはあなたがつくるもの　ミネルヴァ書房，pp. 125-140.

終　章

日本における保育アセスメントの
展望と子どもの声

1. アセスメントは子どもとともに

写真終-1　節分のドキュメンテーション
出所：協力園提供。

　終章は，1枚の写真からはじめます。これは，あるこども園で掲示されていたドキュメンテーションの写真です（写真終-1）。この写真を隅から隅まで見てみると，何か気づくことがないでしょうか。

　中央の子どもは，鬼のお面をつけていますね。そう，これは節分に関する遊びを描いたドキュメンテーションの一部です。写真の左のほうを見てください。築山の上に「何か」が置いてあります。ここから，この「何か」をきっかけに子どもたちが熱中した節分の話をしていきます。

　同園の保育者は，どのように節分の行事を実施するか悩んでいました。その

背景には，保育をとりまく2つの社会的な障壁がありました。1つ目は，豆が子どもの喉に詰まる危険性です。2020年2月，保育施設における豆まきをきっかけに，子どもが大豆をのどに詰まらせて死亡するという痛ましい事故が起きました。それに起因して，節分行事に関する政治の目が厳しくなり，2021年12月には，子どもの事故予防地方議員連盟によって保育所及び幼稚園における豆まきの実態調査をもとにした「教育・保育施設等における節分行事に関する要望書」(2021) が提出され，節分行事に対する制限が要望されました。

2つ目は，不適切保育に関する動向です。2022年に保育施設における虐待等の不適切保育の事案が相次いだことを受け，厚生労働省により自治体や保育施設を対象とした不適切な保育への対応等に関する実態調査が実施されました。社会的に大きな注目を浴びた結果，このような調査を行わざるをえなかった政治的判断があったことは想像に難くありません。ただ，調査を受ける自治体や施設からすると，子どもを大切にしてきた自負がありながらも，子どもに対する何気ない態度の是非が問われているような意識過剰の状態に追い込まれた部分もあったでしょう。

そういった背景のもと，節分の行事をどうもつかは，このこども園の保育者にとって悩ましい課題になっていました。本質的には，豆を喉に詰まらせることや，鬼の登場によって子どもを過剰に怯えさせてしまうことへの懸念も，子どもの様子をつぶさに捉えながら保育をすれば問題ないことです。したがって，保育者が鬼に扮して子どもたちとともに豆まきをするという従来のやり方で実施するという選択肢もなくはありませんでした。

どうしようか悩み，話し合いを重ねた結果，保育者が出した結論は，「子どもの関心に合わせて考えていこう」でした。まずは，いま園に在籍している子どもたちが，鬼という存在にどのような関心をもつのかを知るところからはじめました。図書館で鬼や節分に関するたくさんの絵本を借りてきて，部屋に置きます。そして，その絵本を読んでいるときの子どもたちの会話を聴きます。また，子どもたちが好んで読んでいる絵本をクラスで読み聞かせして，子どもたちの声を拾います。

そうするうちに，「鬼はどうやら帽子を被っているらしい」ということに子どもたちが関心を寄せていくようになりました。そこで，保育者は「鬼×帽子」

を軸に何ができるかを考えます。ただ帽子をつくるだけでは行事の意義は生まれません。鬼という存在を身近に意識し，子どもたちの思いが残るようなことをしたいと話し合います。そして，冒頭のドキュメンテーションに繋がるのです。

　ある保育者から，こんな仕掛けをしてみたらどういう展開が生まれるだろうかという発案がありました。それは，「いつも子どもたちが見ているドキュメンテーションにたまたま鬼の帽子が写っていた」というものです。おもしろそうなアイデアに園の保育者の期待が高まります。ただ，どうやって帽子を仕掛けて写真を撮るのかが問題になりました。保育者の誰かが仕掛けようとしたら，「先生何しよん？」と子どもに気づかれてしまうだろう。保育中の良いタイミングで，誰にも気づかれないようにするにはどうすればよいか。

　お願いしたのは，園庭の枯れ枝や落ち葉などを掃除してくれる用務員さんでした。事前に保育者と打ち合わせた場所に，鬼の帽子を忍ばせたポリ袋をもって築山の裏から静かに忍び寄ります。そして，用務員さんが帽子を置いた瞬間，保育者が写真を撮り，即座に帽子を回収します。そうした協力もあって，先の写真ができあがったのです（余談ですが，帽子を仕掛ける候補者には，別の用務員さんもいたのですが，おしゃべりなので却下されたそうです）。

　翌日，保育者は，普段と同じようにドキュメンテーションを掲示します。すると，一人の子どもが「これなんだろう？」と，保育者の仕掛けに気づきました。事前に鬼の帽子の話をしてきた子どもたちです。自然と「鬼の帽子だ！」「鬼が遊びに来てくれたんだ！」と大興奮して，次々と話が進んでいきます。そうして，「におくん」と名づけられた鬼がどうしたら帽子を取りに来られるのかという疑問にみんなで立ち向かうようになりました。「呼んでみる」「踊ってみる」「絵を描いて飾ってみる」「アイスとジュースを置いてみる」など，いろいろと試した結果，におくんからの手紙が来ます。そこには，「まめまきがこわくてこられない」と書いてありました（写真終-2）。こうしたプロセスの中で，子どもたちは身近になった「におくん」の存在から，節分という行事の意味はどこにあるのか，ということを体感していったのです。

　本書の第Ⅰ部では諸外国での子どもの声や視点をめぐる社会文化的な背景を含めて，理念や実践の「ゆれ」を記しました。ここの事例にもあるように，社

写真終-2　におくんからの手紙
出所：筆者撮影。

会情勢をとりまく政治的判断は，保育現場にも影響を及ぼします。ある種の制約を余儀なくされる状況では，保育者に「じゃあどうすればよいのか」という問いなのか憤りなのかわからない感情が芽生えてくることも多いです。その制約によって，全体的に保育が画一化する方向に進む作用が働くことは否めません。

　しかし，次の保育のヒントを得るアセスメントの機能は政治的判断の中にはありません。それは，ただただ子どもと保育者とともにあるのです。

2. 思考フレームを溶解する

　カリキュラムマネジメントの文脈において，PDCAサイクルが保育でも意識されています。これは，保育のプロセスをPlan（計画），Do（実行），Check（評価），Action（改善）の4つのフェーズに分けて考える思考フレームです。ここで，アセスメントはCheck（評価）に位置づきます。

　一方，保育は計画からはじまるものではないという考え方から，OODA（Observe：観察，Orient：方向づけ，Decide：意思決定，Act：行動）やSOAP（Subjective Data：主観的データ，Objective Data：客観的データ，Assessment：アセ

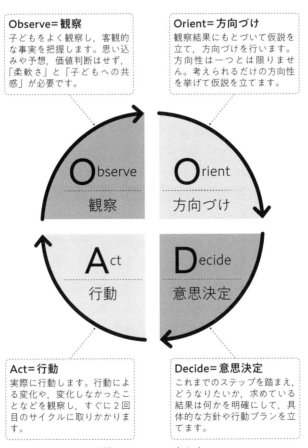

Observe＝観察
子どもをよく観察し，客観的な事実を把握します。思い込みや予想，価値判断はせず，「柔軟さ」と「子どもへの共感」が必要です。

Orient＝方向づけ
観察結果にもとづいて仮説を立て，方向づけを行います。方向性は一つとは限りません。考えられるだけの方向性を挙げて仮説を立てます。

Act＝行動
実際に行動します。行動による変化や，変化しなかったことなどを観察し，すぐに2回目のサイクルに取りかかります。

Decide＝意思決定
これまでのステップを踏まえ，どうなりたいか，求めている結果は何かを明確にして，具体的な方針や行動プランを立てます。

図終-1　OODAの考え方
出所：汐見（2023）p. 33をもとに作成。

スメント・評価，Plan：計画）のほうが枠組みとして適しているという指摘もされています（汐見, 2023）。この2つは，いずれも保育者による子どもの観察を始点として，保育を創るフェーズになっています。そして，OODAでは，主にはOrient（方向づけ），SOAPでは，Assessment（アセスメント・評価）が，アセスメントに位置づいています（図終-1，終-2）。

　思考フレームが，保育に少なからず影響を与えるもので重要であることは理解できます。ただ，保育実践を紐解いてみると，これらは実際には，逆行して

Subjective Data=主観的データ
保育者が見た子どもの姿

だれが，どこで，何をして遊んだか。どんな人間関係が
見られたか，環境とのかかわりは？　どんな道具を使っ
ていたかなど，保育者が見た子どもの姿を記述します。

Objective Data=客観的データ
遊びの課題や人間関係を見る

「遊びの課題」と「人間関係」の2つの視点で，子ども
は何をおもしろいと感じていたか，どのような経験や育
ちがあったかなどを記述します。

Assessment=アセスメント，評価
保育者の願い＋次に必要な経験

これまでの経験を受け，次に必要な経験を検討します。
保育の質を高めるために，最も重要なプロセスです。

Plan=計画
アセスメントにもとづいた環境構成

次にどんな道具を用意するか，どんな助言をするか，あ
るいはほかの子どもにどんなふうにおもしろさを伝える
かなど，次に求められる保育の環境構成を記入します。

図終-2　SOAPの考え方
出所：汐見（2023）p. 35をもとに作成。

いたり，同時並行的に起こったりもしています。子どもと遊ぼうと思って（意思決定），遊ぶ（行動）ばかりでなく，何も決めていなかったけれど気づいたら遊んでいて子ども理解が深まることもあります。また，遊びを読み解いて（評価），次に何をするか考える（改善）ばかりでなく，遊びの状況を読み解く間もなく次々に改善のアイデアが出て，一気に遊びが展開することもあります。

　本書で述べてきた子どもの声からはじまるアセスメントでは，これらとは異なる斬新な思考フレームが構築されたわけではありません。しかし，子どもの声からアセスメントがはじまる場合，保育者の思考フレームを溶かす作用が生じることが考えられます。

　先に挙げた思考フレームは，いずれも保育者が実施することしか想定されていません。しかし，本章の「におくん」の事例においても，第Ⅱ部で示した実践の一部においても，子どもたちの声に保育者が耳を傾けていると，いずれ子どもたちの熱意に火がつき，子どもと保育者の声が入り交じりながら保育が展開する様子が記されています。すなわち，保育者の思考フレームに子どもが参入してくるのです。

　まず変化が起こるのは，先に示した3つの思考フレームでいう，それぞれのアセスメントの次の段階にあたる部分です。つまり，PDCAではAction（改善），OODAではDecide（意思決定），SOAPではPlan（計画）の部分ということになります。このフェーズが子どもとともに進むようになります。そうなれば，子どもたちは思いつきをすぐに行動に移すように，ずんずんと進んでいきます。すると，保育者の側も冷静に「観察」して判断とか，保育者間でじっくり話して「方向づけ」とか，そんな悠長なことは言っていられません。むしろ，子どもたちの熱意に引っ張られるように保育者も熱中して子どもとともに過ごし，気づいたら実践が魅力的になっていた，ということが起こるのです。

　つまり，子どもの声からはじまるアセスメントは，保育者の思考フレームに子どもが参入し，その熱意によって溶解作用が生じることで，従来の思考フレームでは解説できないようなおもしろい実践が生まれるのではないかと考えられるのです。

3. 水平的多様性を促す

　本書のはしがきでも述べたように，子どもの声を聴くという行為には，「一人ひとり異なる声（多声性）が尊重されている」ことが重要になります。実際，第Ⅱ部の事例からは，子どもの異質な声の尊重と同時に葛藤する保育者の姿もありました。こういった葛藤，そして対話を伴うアセスメントが保育現場，ひいては日本社会にもたらすものとして，水平的多様性が考えられます。

　本田は，日本において望ましい人間像は，垂直的序列化と水平的画一化の組み合わせを特徴とする教育のシステムによって広がりを見せたと述べています（本田, 2020）。垂直的序列化とは，「相対的で一元的な能力に基づく選抜・選別・

格づけ」を意味します。たとえば，学力を能力の基準に据えた場合，テストの点数で順位づけされるという状態があてはまります。もちろん基準となる能力は状況によって変わります。保育現場でいえば，「文字が読める」や，「座って話が聞ける」も子どもたちを比較し序列化を促進する基準かもしれません。要するに，「ものさし」を一つに絞り，それにもとづいて子どもたちを序列化するのです。

　また，水平的画一化とは，「特定のふるまい方や考え方を全体に要請する圧力」を意味します。これは顕在的，潜在的な形で行われますが，わかりやすい例でいえば校則などがこれにあたります。保育現場でいえば，「みんなで一緒にいただきますを言う」や，「みんなの姿勢がよくなってから活動をはじめる」などがあると思います。また，コロナ禍においては，マスクの着用は強制ではないと言われながらも，潜在的には全体に強いる圧力のようなものがありましたが，これも水平的画一化の一例です。このように水平的画一化は，特定の「ものさし」に子どもたちを同調させることを指します。

　この垂直的序列化と水平的画一化が組み合わさると，「ものさし」を一つに絞り，それに子どもたちを同調させるという現象が起こります。そして，それに同調できない子どもの評価は低く査定されることになります。このようにこの2つは，いずれも「他の可能性」を排除するように機能する傾向があり，異質な他者を尊重し，新しい発想や挑戦を受け入れ称賛するような柔軟性に逆行することが指摘されています。そして，これらのオルタナティブとして，質的に異なるさまざまな存在が顕著な優劣なく並存している状態である「水平的多様性」が重要視されています（本田, 2020）。

　「水平的多様性」を実現するにあたっては，さまざまな基準で一人ひとりの違いを尊重するという理念だけでは，進まないことが示唆されています。たとえば，個々人の違いを大切にするといういわゆる個性や多様性の尊重は，自己責任論へ帰結するという批判もあります。熊井は，1990年代の「個性」「主体性」重視の教育観に対する批判を引用しつつ，現在の一人ひとりの学び方の違いを尊重する個別最適化の議論も，自己責任的な人間・社会のイメージを促しかねないことを指摘しています（熊井, 2021）。同様に，伊藤も，多様性という言葉そのものが，「みんなやり方や考え方が違うのだから，それぞれの領分を守って，

お互い干渉しないようにしよう」というメッセージになり，多様性の尊重とは逆の効果をもちうることを主張しています（伊藤, 2020）。これらの主張は，実際の保育現場で考えると，「できないのも個性の一部だから」「この子はこれが苦手だからやらなくてもいい」「あの子が今やりたいことはこれだから，みんなと違っても仕方がない」というように，子どもを尊重するポーズのもとで，子どもへの諦観や逸脱する子どもの孤立を進める振る舞いとして顕在化するといえるでしょう。つまり，他者とのかかわり合いの土台の上に存在する多様性のはずが，多様性を掲げるあまりかかわり合いを失わせる作用を生んでしまうのです。

先の本田は，義務教育終了後の教育制度の改革から，水平的多様性の実現を論じています（本田, 2020）。確かに，大学受験という装置から逆算されて望ましい人間像がつくられる側面を考慮すると高等教育段階の改革も必要です。しかし，教育制度の改革だけでは，多様性の尊重に対する熊井や伊藤の批判に応えることにはなりません。

その点，保育における子どもの声からはじまるアセスメントは，次の2つの理由から水平的多様性の促進に寄与することが考えられます。

第一に，大人の葛藤や子どもとの対話が含まれている点です。子どもの声を聴く行為も見かけ上のポーズだけで，保育者にとって都合のよい声の拾い上げになる場合もありえます。しかし，その場合，葛藤は起こりえません。子どもの声による保育者の葛藤は，その子どもの違いを認めるかどうか，という自分の中で両立しがたいものと向き合っている状態です。さらに，納得できなければ子どもとの対話を通して折り合いをつけようとします。つまり，子どもの声からはじまるアセスメントには前提として他者間でのかかわり合いがあるといえます。

第二に，子どもたちが異質な声を排除しない大人の態度に触れるという点です。子どもの声は大人によって聴きとられることによって具体化します。子どもは異質な声を排除しない大人との関係において饒舌になります（松井, 2023）。何を言っても響く感覚がするからです。そして，そのような大人と接することによって子どもたちにも異質なものを排除しない構えが浸み込んでいきます。レッジョ・エミリアの実践からも示唆されるように，大人が独善的に価値判断

するのではなく，子どもも意思決定の一員に加わることは，人と異なる意見を発信し，自らも社会を変える主体となる子どもを育てることに繋がると考えられます。

　制度の変革からトップダウンで水平的多様性を議論することも重要です。ただ一方で，子どもの声からはじまるアセスメントは，最終的には大人と子どもの原初的なかかわり合いの地点にまで論点が遡ります。そして，保育実践の現場から水平的多様性を実現する社会を検討する材料を提供してくれるのです。

4．ジパングモデルは，生み出されるのか？

　本書では，諸外国における子どもの声や視点を含む保育アセスメントの実態と日本の保育施設における実践をもとに，その意義を検討してきました。近年では，諸外国のアセスメントを参考に，日本版SICSや日本版ドキュメンテーションといった文言も使われています。そこで最後に，子どもの声からはじまるアセスメントは，日本版のモデル，いわばジパングモデルとなりえるのか，という問いについて検討したいと思います。

　世界の保育の質評価の動向において，質と意味生成の二項対立を超えるモデルが北欧ではじまっています。北欧の5か国（デンマーク，スウェーデン，アイスランド，ノルウェー，フィンランド）で共同して刊行された「保育の質評価とアセスメントへの北欧アプローチ」（Nordic Council of Ministers, 2022）では，標準化された評価スケールも利用しながら，各自治体の独自性や自律性を尊重しています。5か国に当然違いはありますが，共通性も見出されています。たとえば，国の機関が保育の価値や原理を各基礎自治体にガイドすること，環境の質と教育のプロセスの質との相互関係を問い，子どものウェルビーイングが各地域の文脈の中で位置づけられていること，などが挙げられ，北欧モデルと呼べるものだといいます（秋田, 2023）。

　こういった動向を耳にすると，日本のアセスメントはどうあるべきかという問いと向き合わざるをえません。言い換えれば，日本のアセスメントの独自性をどこに見出すのかということです。あらかじめ断っておきますが，本書で提示している子どもの声からはじまるアセスメントこそが日本のオリジナルにな

りえるとは思っていません。結論から言うと，日本のアセスメントの独自性は，その方法や手続きにあるのではなく，常に変化しようとしてとどまることができない構えにあると思っています。

　内田は，梅棹（1974）の次の言葉を引用して，夢中になって外来の新知識に飛びつく日本人の指向性を述べています（内田, 2009）。

　　　日本人にも自尊心はあるけれど，その反面，ある種の文化的劣等感がつねにつきまとっている。（中略）ほんとうの文化は，どこかほかのところでつくられるものであって，自分のところのは，なんとなくおとっているという意識である　　　　　　　　　　　　　　（梅棹, 1974）

　その結果，世界のどんな国民よりもふらふらきょろきょろして，つねに新しいものにキャッチアップしようと浮足立つ，そうするのが日本人であるというのです。

　本書の内容にも同じことがいえます。第Ⅱ部で記した子どもの声からはじまるアセスメントの実践においても，独自のものは特にありません。いずれもモザイク・アプローチ，SICS，ドキュメンテーション，ラーニング・ストーリー，など外来の目新しくて良さげな方法を試してみて，「ほんとうにこのやり方でいいのかな」と，どこかで不安を纏いながら歩みを進めています。そして，各現場で試行錯誤して素晴らしい実践をしているにもかかわらず，確信がもてずに「ほんもの」を見つけようと揺れながら，変化を求め続けています。

　このように，アセスメントの方法は定式化せずに各現場で目まぐるしく変化するけれど，変化の仕方（常に最新のものを求めて揺さぶられながら取り入れる）は共通しているといえるのではないかと思います。つまり，アセスメントの定式として日本独自のジパングモデルは生まれないけれど，アセスメントと向き合う構えにおいては，ジパングモデルが見出せるのではないでしょうか。

　こういった，アセスメントへの向き合い方が変わらない「構えとしてのジパングモデル」は，非常に価値があるものだと考えています。なぜなら，変わる余地が常に残されているということ，そして，もともとは見よう見まねからはじまるとしても，それぞれの現場で分岐と合流を繰り返して方法論が変化していくプロセスがオリジナルになりやすいからです。

本章で述べた事例のように，もともとのドキュメンテーションの使い方とは異なりますが，「違うんだけど……」と思いつつ新たな方法を試し，子どもの反応を見て「やってみてよかった！」と喜ぶ。一方で確信はもちきれないため，また揺さぶられる。こういったプロセスそのものこそ，本書で主張したかったアセスメントの本質のように感じています。そして，保育者の「揺れ」を駆動させる最も大きな要因が，「子どもの声」になるのです。

　レッジョ・エミリアなど広く世界に知られたアプローチは，当初の哲学とは裏腹に神格化されて，変わることが許されないような空気がつくられます。そうすると，異質な声を受け入れ，対話するのが難しい構えになるでしょう。日本における保育アセスメントは，「どのように定式化するか」を解き明かす方向ではなく，「定式化しない中で，何に揺れて何を変えようとするのか」を見つめるものであってほしいと思います。固めるのではなく，揺れる構えこそが「ジパングモデル」なのですから……。

──────────── **参考・引用文献** ────────────

秋田喜代美(2022). chapter I 今なぜ保育の質評価を問うのか──保育の質評価の国際的動向の見取り図　秋田喜代美・古賀松香(編著). 世界の保育の質評価──制度に学び，対話をひらく　明石書店, pp. 12-27.
本田由紀(2020). 教育は何を評価してきたのか　岩波書店, pp. 202-237.
伊藤亜紗(2020). 手の倫理　講談社, pp. 44-47.
子どもの事故予防地方議員連盟(2021). 教育・保育施設等における節分行事に関する要望書　https://kodomo-jikoyobo.sub.jp/?p=305
熊井将太(2020). 第2章 個別化・個性化された学び──「未来の学校」への道筋になりうるか　石井英真(編著). 流行に踊る日本の教育　東洋館出版社, pp. 43-70.
松井剛太(2023). 多様であること，主体であること(1)　キリスト教保育, 4月号, 8-16.
Nordic Council of Ministers (2022). Nordic Approaches to Evaluation and Assessment in Early Childhood Education and Care Final Report. https://pub.norden.org/temanord2022-512/#
汐見稔幸(2023). 子ども理解を深める保育のアセスメント　中央法規出版, pp. 32-35.
内田　樹(2009). 日本辺境論　新潮社, pp. 20-30.
梅棹忠夫(1974). 文明の生態史観　中央公論新社, pp. 41-42.

索　引

あ

ICT　154
アセスメント　2, 3, 31, 40, 54, 57, 202, 205, 208
遊び　ii, 22, 30, 58, 62, 64, 79, 87, 94
遊び心　136
あたりまえ　168

い

EYFSカリキュラム　30
意見表明権　ii, 117, 175
意味生成　5, 6, 85
意味生成論的アプローチ　85

え

エバリュエーション　40
園行事　170

お

OECD（経済協力開発機構）　14
大人の価値基準　168
オルタナティブ・アセスメント　2

き

教育的ドキュメンテーション（pedagogisk documentation）　84
行事　148

け

経験しながらの観察　62
形成的アセスメント　7
形成的評価　2, 93

こ

子ども　34
子どもアドボカシー　104
子ども像　29
子どもの権利　8, 14, 19, 20, 34, 103
子どもの権利条約　ii, 8, 80, 98
子どもの声　ii, 19, 25, 27, 31, 98, 108, 147, 165, 183, 184, 210

子どもの視点（Perspektive des Kindes）　57, 80
子ども理解　6, 28
子どもを宛先　131

さ

サークルタイム　175

し

自己評価　41, 46, 47, 91
資質・能力　107
SICS（Self-assessment Instrument for Care Settings）　171
写真投影法　107
写真を撮る　121
就学準備型　14
生涯学習制度　82
省察　38, 40, 44, 45, 47, 49, 50, 87, 89, 91
新自由主義　42, 51
真正の評価　46
診断的評価　2
心理尺度　81
心理測定　3

す

ストックホルム・プロジェクト　84

せ

生活基盤型　14
潜在的支配　168

そ

総括的評価　2

た

対話　6, 7, 9, 14, 15, 50, 86, 92, 97, 105, 117
対話的なプロセス　124
多重知能　41
多面的参加　174
探究　135

て
デジタルドキュメンテーション　73
テ・ファーリキ　8

と
ドキュメンテーション　9, 38, 39, 47, 54, 58,
　　61, 68, 82, 84, 91, 141, 147, 152

は
パフォーマンス評価　4, 7

ひ
評価　1, 18, 29, 39, 42, 50, 54, 69, 80, 81, 97,
　　98, 132, 168, 192, 202
評価軸　vi
Bildung(ビルドゥング)　60
ビルドゥングプロセス　63

ふ
プラス評価　192

へ
ペダゴジー(pedagogik)　78

ほ
保育ウェブ　9

ほ
保育・教育観(School value)　29
保育の質　5, 14, 32, 33, 58, 83, 88
ポートフォリオ　41, 42, 44, 46, 47, 51, 52, 54,
　　81, 90, 91
ポートフォリオ評価　4, 45

ま
学びの構え　119

み
民主主義　79, 97

も
モザイク・アプローチ　8, 9, 82, 209
ものさし　v

ら
ラーニング・ストーリー　7, 9, 55, 82, 118, 209

り
リスニング・ペダゴジー　104
リソース志向　61
リゾーム(rhizomer：根茎)　89

れ
レッジョ・エミリア　8, 81, 104, 108, 210

執筆者紹介

松井剛太（まつい　ごうた）　はしがき, 序章, 第5章第1節～第2節, 第6章第1節, 終章
編者紹介欄参照。

松本博雄（まつもと　ひろお）　第1章
編者紹介欄参照。

浅井幸子（あさい　さちこ）　第2章
東京大学大学院教育学研究科　教授
主著　『アトリエからはじまる「探究」——日本におけるレッジョ・インスパイアの乳幼児教育』（共編著）中央法規出版, 2023年。
　　　『「保育の質」を超えて——「評価」のオルタナティブを探る』（監訳）ミネルヴァ書房, 2022年。

中西さやか（なかにし　さやか）　第3章
佛教大学社会福祉学部　准教授
主著　『ドイツの幼児教育におけるビルドゥング——子どもにとっての学びを問い直す』（単著）春風社, 2023年。
　　　『保育政策の国際比較——子どもの貧困・不平等に世界の保育はどう向き合っているか』（共監訳）明石書店, 2018年。

大野　歩（おおの　あゆみ）　第4章
山梨大学教育学部　准教授
主著　『世界の保育の質評価——制度に学び, 対話をひらく』（共著）明石書店, 2022年。
　　　『保育政策の国際比較——子どもの貧困・不平等に世界の保育はどう向き合っているか』（共訳）明石書店, 2018年。

水津幸恵（すいづ　さちえ）　第5章第3節
三重大学教育学部　准教授
主著　『保育の場における子どもの対人葛藤——人間理解の共感的まなざしの中で』（単著）ミネルヴァ書房, 2020年。

片岡今日子（かたおか　きょうこ）　第6章第2節
香川大学教育学部附属幼稚園高松園舎　教諭

古賀琢也（こが　たくや）　第6章第3節
千葉明徳短期大学保育創造学科　講師
主著　『新・子育て支援——子どもの姿を喜びに変えるために』（共著）教育情報出版, 2021年。

濱田祥子（はまだ　しょうこ）　**第 7 章 第 1 節～第 2 節**

比治山大学現代文化学部　准教授

主著　『やさしく学ぶ保育の心理学［第 2 版］』（共著）ナカニシヤ出版, 2020 年。
　　　『施設実習の手引き』（共著）溪水社, 2017 年。

佐藤智恵（さとう　ちえ）　**第 7 章 第 3 節**

神戸親和大学教育学部　教授

主著　『新・子育て支援——子どもの姿を喜びに変えるために』（共著）教育情報出版, 2021 年。
　　　『障害児保育』（共著）晃洋書房, 2018 年。

編著者紹介

松井剛太（まつい　ごうた）

香川大学教育学部　准教授

主著　『特別な配慮を必要とする子どもが輝くクラス運営——教える保育からともに学ぶ保育へ』（単
　　　著）中央法規出版，2018 年。
　　　『子どもの育ちを保護者とともに喜び合う——ラーニングストーリー　はじめの一歩』（共著）
　　　ひとなる書房，2018 年。

松本博雄（まつもと　ひろお）

香川大学教育学部　教授

主著　『0123 発達と保育——年齢から読み解く子どもの世界』（共著）ミネルヴァ書房，2012 年。
　　　『子どもとつくる 0 歳児保育——心も体も気持ちいい』（共編著）ひとなる書房，2011 年。

子どもの声からはじまる　保育アセスメント
—— 大人の「ものさし」を疑う

2024 年 7 月 20 日　初版第 1 刷発行

| 編　著　者 | 松　井　剛　太 |
| | 松　本　博　雄 |

| 発　行　所 | ㈱北大路書房 |

〒 603-8303　京都市北区紫野十二坊町 12-8
　　　　　　　電話代表　　（075）431-0361
　　　　　　　Ｆ Ａ Ｘ　　（075）431-9393
　　　　　　　振替口座　　01050-4-2083

ⓒ 2024　　　　　　　　　　　　　　Printed in Japan
組版／デザイン鱗　　　　　　　ISBN978-4-7628-3257-4
装丁／こゆるぎデザイン
印刷・製本／亜細亜印刷（株）
落丁・乱丁本はお取り替えいたします。
定価はカバーに表示してあります。

子どもの遊びを考える

「いいこと思いついた！」
から見えてくること

佐伯　胖（編著）
矢野勇樹・久保健太・岩田恵子・関山隆一（著）

四六判・248 頁・本体 2,400 円 + 税
ISBN978-4-7628-3229-1　C3037

「遊び＝自発的な活動」というのは本当か？！
「いいこと思いついた！」という現象を切り口
に，子どもの「遊び」の本質に迫る。

ニューロマイノリティ

発達障害の子どもたちを
内側から理解する

横道　誠・青山　誠（編著）

四六判・312 頁・本体 2,200 円 + 税
ISBN978-4-7628-3247-5　C0011

ニューロマイノリティとして生きている子ど
もたち。彼らの体験世界を「内側」から描く
ことで，「発達障害理解」に革命を起こす。

生命と学びの哲学

育児と保育・教育をつなぐ

久保健太（著）

四六判・328 頁・本体 2,000 円 + 税
ISBN978-4-7628-3255-0　C3037

育児，保育・教育について熟考してきた著者
の多彩な論考から，保育の実践知を言語化す
るために必要となる「哲学」を掘り起こす。

人はいかに学ぶのか

授業を変える学習科学の新たな挑戦

全米科学・工学・医学アカデミー（編）
秋田喜代美・一柳智紀・坂本篤史（監訳）

A5 判・396 頁・本体 4,200 円 + 税
ISBN978-4-7628-3249-9　C3037

脳科学・神経科学等の進展や動機づけ研究の
発展，さらに文化的多様性や ICT といった切
り口から，人の「学び」の謎に迫る。